9級の復習テスト(1)　読み

月　日

時間 20分 【はやい15分・おそい25分】　合格 80点 (一つ5点)　得点　点

1 ——線の漢字の読み方を書きなさい。

① 電柱がならんでいる。

② 新緑の山々をながめる。

③ 根気強く進める。

④ 全ての作業が終《お》わる。

⑤ 今年の目標《もくひょう》を定める。

⑥ 苦《にが》味のある野菜《やさい》を食べる。

⑦ 県外からの観光客《かんこうきゃく》。

⑧ 水が温かくなる。

2 ——線の漢字の読み方を書きなさい。

① 電気を消すと暗い。

② 父にびんのふたを開けてもらう。

③ 歩道橋をわたる。

④ ノーベル賞《しょう》を受賞する。

⑤ すみよい世の中にする。

⑥ 体をうしろに反らす。

⑦ りんごがえだから落ちる。

⑧ 着物に身をつつむ。

9級の復習テスト(1) 書き

月　日

時間 20分 【はやい15分・おそい25分】
合格 80点 （一つ5点）
得点　　点

1

□には漢字を、（　）には漢字と送りがなを書きなさい。

① □□《べんきょう》がはかどる。

② 走るのがとても（　　）《はやい》。

③ □□《よてい》が（　　）《かさなる》。

④ □《みなと》に（　　）《むかう》車。

⑤ かき□《ごおり》を食べる。

⑥ クラスの□□□《にんきもの》。

⑦ □□《だいず》をにて食べる。

⑧ □□《しんちょう》がのびる。

2

□には漢字を、（　）には漢字と送りがなを書きなさい。

① □□《いっちゃく》でゴールする。

② □□《ぜんこく》を旅《たび》する。

③ □□《こんど》は□《きみ》の番だ。

④ □《し》を（　　）《あじわう》。

⑤ 目の前から（　　）《きえる》。

⑥ □□《じかい》につづく。

⑦ ひみつの□□《あんごう》を教える。

⑧ 家をささえる太い□《はしら》。

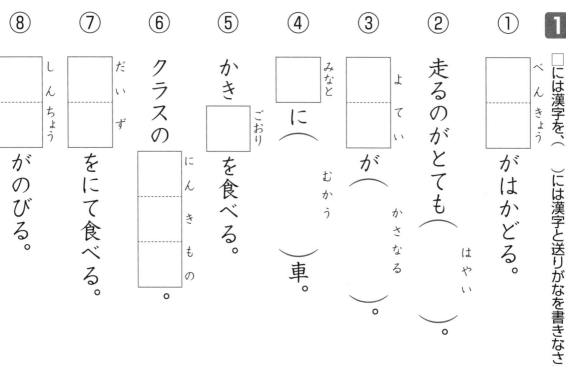

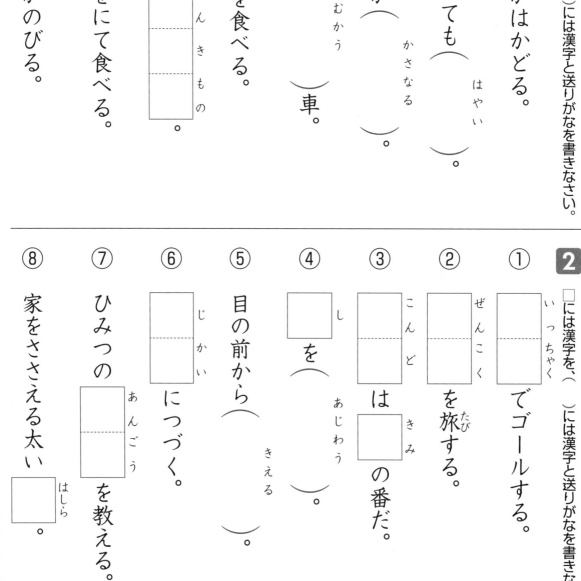

2日

9級の復習テスト(2) 読み

月　日

時間 20分 【はやい15分・おそい25分】

合格 80点 (一つ5点)

得点　点

1 ——線の漢字の読み方を書きなさい。

① 悪人をこらしめる。

② たぬきに化かされる。

③ 地区ごとの表を作る。

④ 電車が駅に着く。

⑤ バケツの水で消火する。

⑥ 小麦粉《こむぎこ》をよく練る。

⑦ 今日はとても暑い。

⑧ コップに水を注ぐ。

---

2 ——線の漢字の読み方を書きなさい。

① 貴《き》重な話を聞く。

② 植物がしっかり根をおろす。

③ 一列にならぶ。

④ たくさんの荷物を運ぶ。

⑤ 期待にこたえる。

⑥ 電話で問い合わせる。

⑦ 羽子板をかざる。

⑧ ボールを放りなげる。

9級の復習テスト(2)

書き

月　日

時間 20分【はやい15分・おそい25分】
合格 80点（一つ5点）
得点　点

1

□には漢字を、（　）には漢字と送りがなを書きなさい。

① □□《ぶんか》の日。

② 校門を（　）《ひらく》。

③ □□《ぶつり》の□□《もんだい》をとく。

④ そろばんを（　）《ならう》。

⑤ 人口の多い□□《とし》。

⑥ パンが（　）《しなぎれ》になる。

⑦ 車を□《うん》転《てん》する。

⑧ □□《やきゅう》をして（　）《まける》。

2

□には漢字を、（　）には漢字と送りがなを書きなさい。

① 近くに□□《びょういん》がある。

② さくらが□□《かいか》する。

③ □□《にかい》に□□《しゅうごう》する。

④ □《みやこ》を（　）《さる》。

⑤ 家来が王に（　）《つかえる》。

⑥ 手で水を（　）《うける》。

⑦ やくそくの時間を（　）《まもる》。

⑧ 道路《どうろ》を□《おう》断《だん》する。

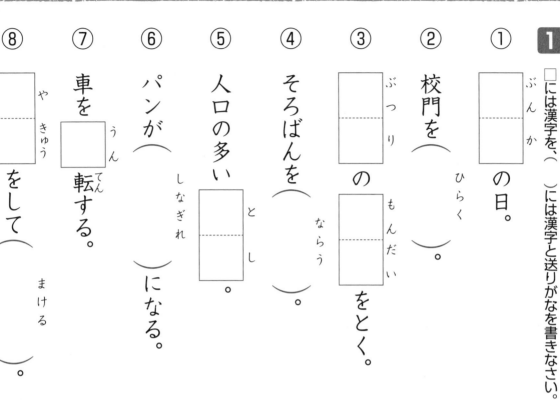

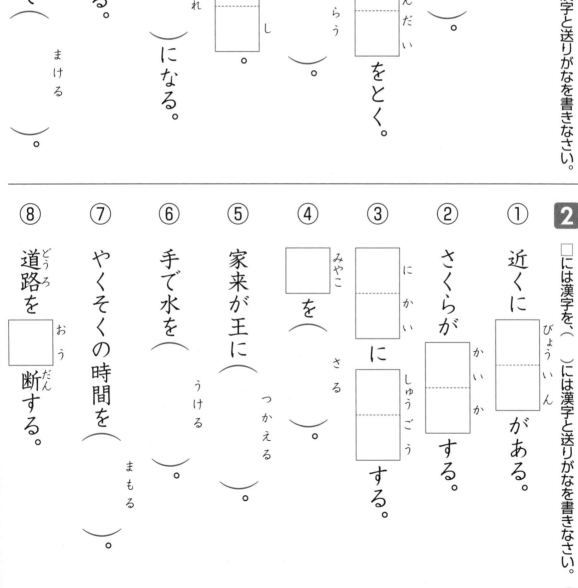

3日 9級の復習テスト(3) 読み

月　日

時間 20分【はやい15分・おそい25分】
合格 80点（一つ5点）
得点　点

1 ――線の漢字の読み方を書きなさい。

① 都合が悪い。
② 屋上に木を植える。
③ 球拾《ひろ》いをする。
④ 味に重点をおく。
⑤ 科学の世紀《き》。
⑥ 文章や絵に表す。
⑦ 体の調子がいい。
⑧ 光がかがみに反射《しゃ》する。

---

2 ――線の漢字の読み方を書きなさい。

① つかんでいた手を放す。
② ホームランで勝《しょう》負をきめる。
③ 去年の夏の思い出。
④ 親子の関《かん》係。
⑤ かなしい童話を読む。
⑥ バスが来るのを待つ。
⑦ 校庭でなわとびをする。
⑧ 流《りゅう》氷を見にいく。

月　日

時間 20分 【はやい15分・おそい25分】

合格 80点 （一つ5点）

得点　点

9級の復習テスト(3)

書き

1

□には漢字を、（　）には漢字と送りがなを書きなさい。

① □□《ちゅうおう》に（　）《あつまる》。

② □□《こくばん》に字を書く。

③ □□《しょちゅう》見《み》舞《ま》いを受けとる。

④ 遠すぎて（　）《まったく》見えない。

⑤ あて名を□《おもて》に書く。

⑥ □□《らくよう》のきせつになる。

⑦ □□《じめん》を平《たい》らにならす。

⑧ すばやく□《よこ》に（　）《うごかす》。

2

□には漢字を、（　）には漢字と送りがなを書きなさい。

① □《じょう》規《ぎ》を（　）《つかう》。

② 自分に（　）《むいた》□□《しごと》。

③ □□《たはた》をたがやす。

④ 大きい声で□□《へんじ》をする。

⑤ 大切な□□《やくめ》がある。

⑥ 節分《せつぶん》に□《まめ》をまく。

⑦ 友人を□□《くうこう》で見送る。

⑧ 犬の□□《せわ》をする。

9級の復習テスト(4)

読み

月　日

時間 20分 【はやい15分・おそい25分】
合格 80点 (一つ5点)
得点　　点

1 ——線の漢字の読み方を書きなさい。

① 近所で火事があった。
② 科学の急速な進歩。
③ 次から次へと発見する。
④ この本の作者を知っている。
⑤ 放送局ではたらく。
⑥ 六対五で赤組が勝《か》つ。
⑦ 気温がひくい。
⑧ おじいさんに手紙を送る。

2 ——線の漢字の読み方を書きなさい。

① 川に橋がかかっている。
② 言葉の意味を調べてみよう。
③ 人気のおかし屋さん。
④ 学級委員になる。
⑤ かりていた詩集を返す。
⑥ 赤い絵の具。
⑦ 天使のようにやさしい人。
⑧ 右の方向にとぶ。

9級の復習テスト(4) 書き

月　日

時間 20分【はやい15分・おそい25分】
合格 80点（一つ5点）
得点　　点

1 □には漢字を、（　）には漢字と送りがなを書きなさい。

① 倉《そう》□《こ》の番をする。

② □□《まいしゅう》、□《みずうみ》に行く。

③ （　）《おもい》かばんをもつ。

④ □《みどり》の□《は》を切る。

⑤ 計算の□□《れんしゅう》をくりかえす。

⑥ 本の□《かかり》を決《き》める。

⑦ □□《しょうひん》をならべる。

⑧ ラジオ□□《ほうそう》を聞く。

2 □には漢字を、（　）には漢字と送りがなを書きなさい。

① □□□《じどうしゃ》の□□《けんきゅう》。

② □□《ちゅうい》をよく聞こう。

③ 暗《くら》くて、こわい□《ところ》。

④ （　）《むこう》に人がいる。

⑤ □□《ようき》な人。

⑥ □《はたけ》をたがやす。

⑦ □□□《いっちょうめ》に（　）《いそぐ》。

⑧ □《にわ》の草とりをする。

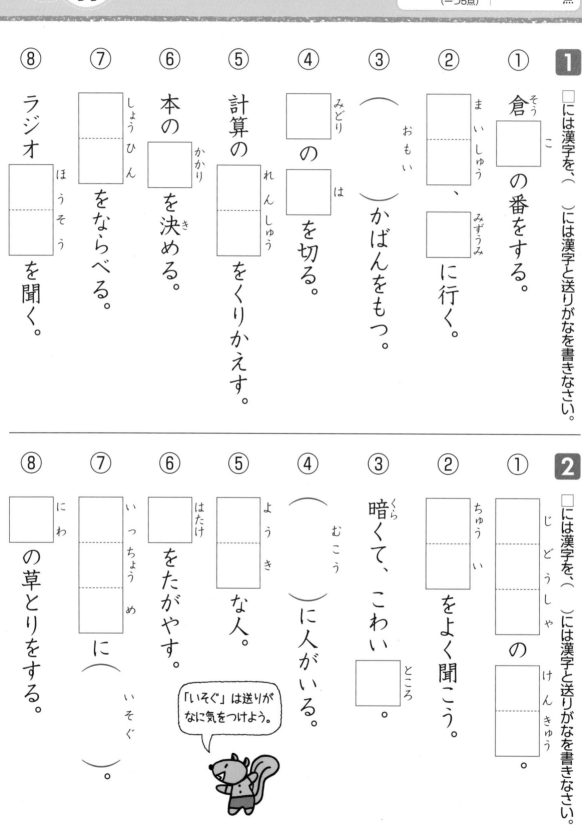

5日　両・死・筆・様・宿・神

1 両

音 リョウ
訓 ―
部首 一（いち）
意味 ふたつ。むかしのお金。

画数 6

・筆順《ひつじゅん》どおりに書きなさい。

―線の漢字の読み方を書きなさい。

① 両手。（　　）
② 両方。（　　）
③ 二両。（　　）
④ 両親。（　　）

2 死

音 シ　訓 しぬ
部首 歹（かばねへん・がつへん・いちたへん）
意味 いのちがなくなる。

画数 6

・筆順どおりに書きなさい。

―線の漢字の読み方を書きなさい。

① 死ぬ。（　　）
② 生死。（　　）
③ 死火山。（　　）
④ 必《ひっ》死。（　　）

3 筆

音 ヒツ　訓 ふで
部首 ⺮（たけかんむり）
意味 文字や絵をかく道具。文を書く。

画数 12

・筆順どおりに書きなさい。

―線の漢字の読み方を書きなさい。

① 筆でかく。（　　）
② 鉛《えん》筆。（　　）
③ 筆箱《ばこ》。（　　）
④ 万年筆。（　　）

4 様

音 ヨウ　訓 さま
部首 木（きへん）
意味 うやまうことば。ようす。かたち。かた。

画数 14

・筆順どおりに書きなさい。

―線の漢字の読み方を書きなさい。

① 王様。（　　）
② ○○様。（　　）
③ 水玉模《も》様。（　　）
④ 様子。（　　）

5 宿

音 シュク
訓 やど・やどる・やどす
部首 宀（うかんむり）
意味 やど。とまる。ずっと前からの。

画数 11

・筆順どおりに書きなさい。

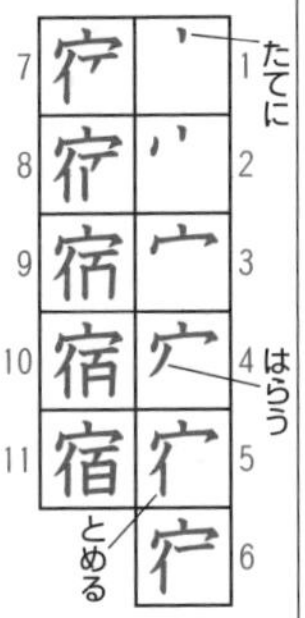

―線の漢字の読み方を書きなさい。

① 宿屋。（　　）
② 合宿する。（　　）
③ 雨宿り。（　　）
④ 宿題。（　　）

6 神

音 シン・ジン
訓 かみ・（かん）・（こう）
部首 ネ（しめすへん）
意味 かみ。ふしぎな力。

画数 9

・筆順どおりに書きなさい。

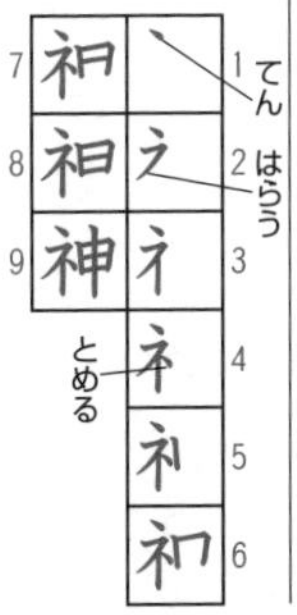

―線の漢字の読み方を書きなさい。

① 神様。（　　）
② 福《ふく》の神。（　　）
③ 神話。（　　）
④ 神社。（　　）

書いてみよう

時間 20分 【はやい15分・おそい25分】
合格 20問
正答 ／24問

※（　　）は送りがなも書きなさい。

1

① □《りょうほう》の足。
② □《りょうて》を上げる。
③ □《にりょう》の電車。
④ ぼくの□《りょうしん》。

2

① ペットが（　）《しぬ》。
② □《しかざん》。
③ 必《ひっ》□《し》にがんばる。
④ □《せいし》にかかわる。

3

① □《ふで》でかく。
② □《ふで》箱《ばこ》をとり出す。
③ 鉛《えん》□《ぴつ》をけずる。
④ □《まんねんひつ》を使う。

4

① □《じょおうさま》。
② 山田□《さま》。
③ きれいな模《も》□《よう》。
④ □《ようす》を表す言葉。

5

① （　）《あまやどり》をする。
② □《しゅくだい》をする。
③ 夏の□《がっしゅく》。
④ □《やどや》にとまる。

6

① 福《ふく》の□《かみ》。
② □《じんじゃ》の祭《まつ》り。
③ 日本の□《しんわ》。
④ □《かみ》にいのる。

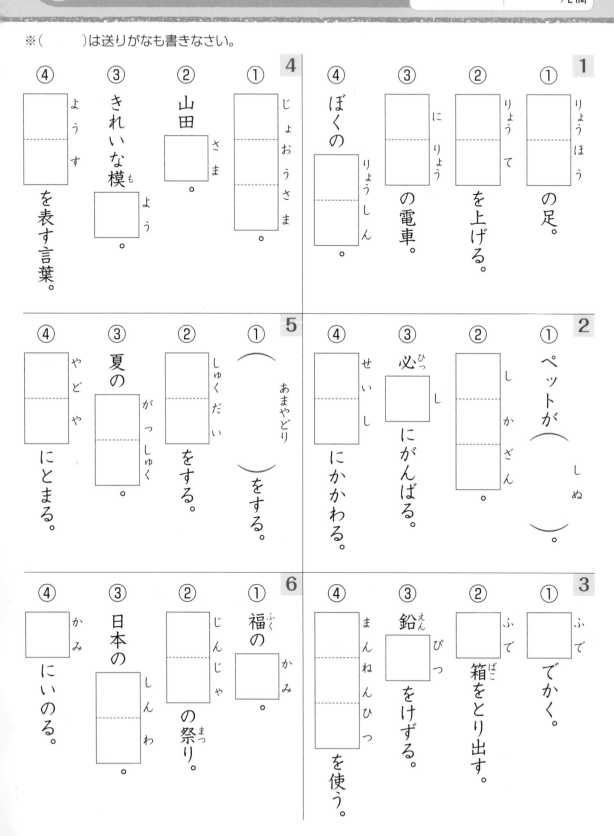

6日　配・転・医・坂・薬・湯

配
7
画数 10

音 ハイ
訓 くばる
部首 酉（とりへん）
意味 くばる。わりあてる。

•筆順どおりに書きなさい。

筆順：1 一　2 丆　3 丙　4 丙（はらう）　5 两（まげてとめる）　6 酉（わすれずに）　7 酉　8 酊　9 酌（うえにはねる）　10 配

配

—線の漢字の読み方を書きなさい。

① 心配する。（　　）
② 配達《たつ》する。（　　）
③ 配る。（　　）
④ 手配する。（　　）

坂
10
画数 7

音 （ハン）
訓 さか
部首 土（つちへん）
意味 さか。かたむいている道。

•筆順どおりに書きなさい。

筆順：1 一　2 十　3 土　4 圵　5 坂（はらう）　6 坂（はらう）　7 坂（はらう）

坂

—線の漢字の読み方を書きなさい。

① 坂道。（　　）
② 下り坂。（　　）
③ 坂を上る。（　　）

転
8
画数 11

音 テン
訓 ころがる・ころげる・ころがす・ころぶ
部首 車（くるまへん）
意味 ころがる。回る。

•筆順どおりに書きなさい。

筆順：1 一　2 厂　3 币　4 百　5 亘　6 亘　7 車　8 軒　9 転（ながく）　10 転　11 転（とめる）

転

—線の漢字の読み方を書きなさい。

① 転がる。（　　）
② 転校する。（　　）
③ 回転する。（　　）
④ 運転する。（　　）

薬
11
画数 16

音 ヤク
訓 くすり
部首 艹（くさかんむり）
意味 くすり。

•筆順どおりに書きなさい。

筆順：1 一　2・3 艹　4・5 艹　6 芇　7・8 苩　9 苩（はらう）　10 蒈　11 蒈　12 薬　13 薬　14 薬　15・16 薬（とめる）

薬

—線の漢字の読み方を書きなさい。

① 薬局。（　　）
② 薬品。（　　）
③ 薬を買う。（　　）
④ 薬屋。（　　）

医
9
画数 7

音 イ
訓 —
部首 匚（かくしがまえ）
意味 病気をなおす。医者。

•筆順どおりに書きなさい。

筆順：1 一　2 丆（みじかくはらう）　3 𠂉　4 臣（つきださない）　5 矢（はらう）　6 医（はらう）　7 医

医

—線の漢字の読み方を書きなさい。

① お医者様。（　　）
② 医院。（　　）
③ 医学。（　　）

湯
12
画数 12

音 トウ
訓 ゆ
部首 氵（さんずい）
意味 水をねっしたもの。ゆ。ふろ。

•筆順どおりに書きなさい。

筆順：1 丶　2 氵　3 氵　4 汨　5 沪　6 沪　7 湯（ながく）　8 湯　9 湯（くっつけてはらう）　10 湯（はねる）　11 湯　12 湯

湯

—線の漢字の読み方を書きなさい。

① 湯をわかす。（　　）
② 熱《ねっ》湯。（　　）
③ 銭《せん》湯。（　　）〈おふろ屋さん〉

書いてみよう

月　日

時間 20分 【はやい15分・おそい25分】
合格 20問
正答 ／24問

7

① □□《てはい》する。

② □□《しんぱい》をかける。

③ □□□《しんぶんはい》達《たつ》。

④ おかしを（くばる）。

8

① （ころげ）回る。

② 百円玉が（ころがる）。

③ 来月□□《てんこう》する。

④ 電車を□□《うんてん》する。

9

① 外科《げか》□《い》。

② 森田□□《いいん》。

③ □□《いがく》をこころざす。

④ 歯《は》□□《いしゃ》へ行く。

10

① 急な□□《さかみち》。

② □《さか》を上る。

③ 長い下り□《ざか》。

④ □《さか》の多い町。

11

① にがい□《くすり》。

② □□《くすりや》へ行く。

③ きけんな□□《やくひん》。

④ □□《やっきょく》で買う。

12

① □《ゆ》をわかす。

② □《ゆ》ぶねにつかる。

③ 銭《せん》□《とう》へ行く。

④ 熱《ねっ》□《とう》をそそぐ。

7日 復習テスト(1) 読み

月　日

時間 20分【はやい15分・おそい25分】
合格 80点（一つ5点）
得点　点

1 ――線の漢字の読み方を書きなさい。

① 両方の耳をふさぐ。
② 病気で死ぬ。
③ 神話の本を見つける。
④ 筆で字を書く。
⑤ 神様と王様。
⑥ 死火山。
⑦ 神社で雨宿りをする。
⑧ 鉛《えん》筆と消しゴム。

2 ――線の漢字の読み方を書きなさい。

① 父と銭《せん》湯へ行く。
② かぜ薬をお湯でのむ。
③ おばさんの様子をたずねる。
④ 薬局で石けんを買う。
⑤ 急な坂道をかけ上がる。
⑥ ねずみのお医者様。
⑦ 坂を転がる。
⑧ 子どもたちにおかしを配る。

復習テスト(1)　書き

月　日

時間 20分【はやい15分・おそい25分】
合格 80点（一つ5点）
得点　点

1 □には漢字を、（　）には漢字と送りがなを書きなさい。

① □□《もうひつ》の練習。

② □□《りょうて》をそろえる。

③ □□《おうさま》が（　　）《しんだ》。

④ □□《しゅくだい》をする。

⑤ □□《りょうしん》と食事をする。

⑥ □《ふで》を買う。

⑦ 新聞を（　　）《くばる》。

⑧ □□《かみさま》におねがいする。

2 □には漢字を、（　）には漢字と送りがなを書きなさい。

① □□《やくひん》を使う。

② 知り合いの□□《やどや》にとまる。

③ 父に□□《しんぱい》をかける。

④ 電車を□□《うんてん》する。

⑤ 必《ひっ》□《し》で□□《いがく》を勉強する。

⑥ やかんで□《ゆ》をわかす。

⑦ □□《やっきょく》で□《くすり》を買う。

⑧ □□《さかみち》で（　　）《ころぶ》。

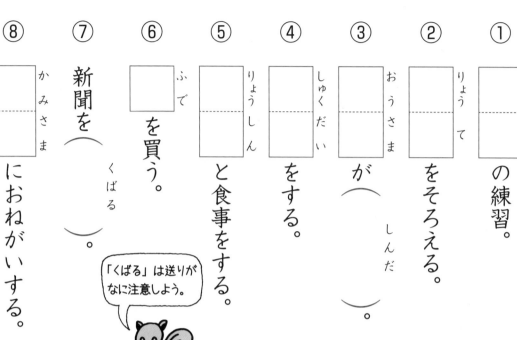

8日　他・礼・泳・拾・州・終

13 他
画数 5

音 タ
訓 ほか
部首 亻（にんべん）
意味 ほか。べつ。ほかの人。

・筆順どおりに書きなさい。
1 はらう　2 とめる　3 はねる　4　5 うえにはねる

——線の漢字の読み方を書きなさい。

① 他人。（　）
② その他。（　）
③ 他のだれか。（　）
④ 他言。（　）

14 礼
画数 5

音 レイ・（ライ）
訓 —
部首 ネ（しめすへん）
意味 れいぎさほう。うやまう気もち。ぎしき。

・筆順どおりに書きなさい。
1 てん　2　3 とめる　4　5 まげて、うえにはねる

——線の漢字の読み方を書きなさい。

① お礼。（　）
② 無《ぶ》礼者。（　）
③ 朝礼。（　）
④ 礼儀《ぎ》。（　）

15 泳
画数 8

音 エイ
訓 およぐ
部首 氵（さんずい）
意味 およぐ。

・筆順どおりに書きなさい。
1　2　3　4　5 はねる　6　7 はらう　8

——線の漢字の読み方を書きなさい。

① 泳ぐ。（　）
② 平《ひら》泳ぎ。（　）
③ 水泳。（　）
④ 競《きょう》泳。（　）

16 拾
画数 9

音 （シュウ）・（ジュウ）
訓 ひろう
部首 扌（てへん）
意味 ひろう。まとめる。十。

・筆順どおりに書きなさい。
1　2 はねる　3 みぎうえに　4　5 はらう　6　7　8　9

——線の漢字の読み方を書きなさい。

① 貝を拾う。（　）
② 命《いのち》拾い。（　）
③ お金を拾う。（　）

17 州
画数 6

音 シュウ
訓 （す）
部首 川（かわ）
意味 国や地方のよび名。なかす。

・筆順どおりに書きなさい。
1　2 はらう　3　4 とめる　5　6

——線の漢字の読み方を書きなさい。

① 九州。（　）
② アジア州。（　）
③ 本州。（　）
④ 信《しん》州。（　）

18 終
画数 11

音 シュウ
訓 おわる・おえる
部首 糸（いとへん）
意味 おしまいになる。死ぬこと。

・筆順どおりに書きなさい。
1　2　3　4 とめる　5　6　7　8　9　10 むきにちゅうい　11

——線の漢字の読み方を書きなさい。

① 終わる。（　）
② 終点。（　）
③ 終業式《しき》。（　）
④ 終える。（　）

月　日

書いてみよう

時間 20分【はやい15分・おそい25分】
合格 20問
正答 　/24問

13

① □□《たにん》。

② □□《たごん》は無《む》用《よう》。〔ほかの人に言わないように〕

③ □《ほか》のだれか。

④ その□《た》おおぜい。

14

① お□《れい》を言う。

② □《れい》儀《ぎ》正しくする。

③ □□《ちょうれい》の時間。

④ 無《ぶ》□《れい》なふるまい。

15

① 平《ひら》（　　）《およぎ》。

② □□《すいえい》教室に通う。

③ プールで（　　）《およぐ》。

④ 競《きょう》□《えい》の選《せん》手《しゅ》。

16

① お金を（　　）《ひろう》。

② おとし物を（　　）《ひろう》。

③ 命《いのち》（　　）《びろい》をする。

④ あきかん（　　）《ひろい》。

17

① アジア□《しゅう》。

② ニューヨーク□《しゅう》。

③ □□□□《きゅうしゅうちほう》。

④ □□《ほんしゅう》にわたる。

18

① 休みが（　　）《おわる》。

② 宿題を（　　）《おえる》。

③ 一学期の□□《しゅうぎょう》式《しき》。

④ バスの□□《しゅうてん》。

9日　昔・波・岸・勝・昭・和

昔 19

画数 8

音 （セキ）・（シャク）
訓 むかし
部首 日（ひ）
意味 むかし。

・筆順どおりに書きなさい。
一　十　廾　丑　丑　昔　昔　昔
（ながく）

昔

―線の漢字の読み方を書きなさい。
① 昔の出来事。（　）
② 大昔。（　）
③ 昔話を聞く。（　）

波 20

画数 8

音 ハ
訓 なみ
部首 氵（さんずい）
意味 水面などが上下に動く形。なみ。

・筆順どおりに書きなさい。
丶　冫　氵　氵　汀　沪　波　波
（はらう）（はねる）

波

―線の漢字の読み方を書きなさい。
① 大波小波。（　）（　）
② 電波。（　）
③ 寒《かん》波。（　）

岸 21

画数 8

音 ガン
訓 きし
部首 山（やま）
意味 水ぎわ。きし。

・筆順どおりに書きなさい。
丨　山　山　屵　屵　屵　岸　岸
（はらう）（みじかく）（ながく）

岸

―線の漢字の読み方を書きなさい。
① 海岸。（　）
② 対岸。（　）
③ 川岸。（　）
④ 岸辺《べ》。（　）

勝 22

画数 12

音 ショウ
訓 かつ・（まさる）
部首 力（ちから）
意味 まさる。すぐれている。相手にかつ。

・筆順どおりに書きなさい。
丿　刀　月　月　月'　月'' 　月'''　胖　胖　勝　勝　勝
（はらう）（ひきだすいちにちゅうい）（つきだしてはらう）（つきだす）

勝

―線の漢字の読み方を書きなさい。
① 勝つ。（　）
② 優《ゆう》勝する。（　）
③ 勝ち気。（　）
④ 勝負する。（　）

昭 23

画数 9

音 ショウ
訓 ―
部首 日（ひへん）
意味 てりかがやく。あきらか。

・筆順どおりに書きなさい。
丨　刀　月　日　日フ　日刀　昭　昭　昭
（はねる）（つきださない）

昭

―線の漢字の読み方を書きなさい。
① 昭和。（　）
② 昭和の日。（　）
③ 昭和生まれ。（　）

和 24

画数 8

音 ワ・（オ）
訓 （やわらぐ）・（やわらげる）・（なごむ）・（なごやか）
部首 口（くち）
意味 やわらげる。なかがよい。日本のもの。

・筆順どおりに書きなさい。
ノ　二　千　禾　禾　禾　和　和
（はらう）（とめる）（とめる）

和

―線の漢字の読み方を書きなさい。
① 平《へい》和。（　）
② 和食。（　）
③ 和服《ふく》。（　）
④ 和室。（　）

書いてみよう

月　日

時間 20分【はやい15分・おそい25分】
合格 20問
正答 /24問

19

① □《むかしばなし》。

② □《むかし》風のたてもの。

③ □《おおむかし》の化石。

④ □《ひとむかし》前の音楽。

20

① 大きな□《なみ》。

② □《でんぱ》がとどく。

③ □《なみ》のりをする。

④ 寒《かん》□《ぱ》が来る。

21

① □《かいがん》を歩く。

② □《かわぎし》の家。

③ □《たいがん》にわたる。

④ □《きし》辺《べ》の花。

22

① 赤組が（　）《かつ》。

② 優《ゆう》□《しょう》する。

③ （　）《かち》気な子。

④ □《しょうぶ》が決《き》まる。

23

① □《しょうわ》の日。

② □《しょうわ》のはじめ。

③ □《しょうわ》の生まれ。

④ □《しょうわ》の時代《じだい》。

24

① 平《へい》□《わ》な時代。

② □《わ》服《ふく》を着る。

③ □《わしつ》でねる。

④ □《わしょく》の店。

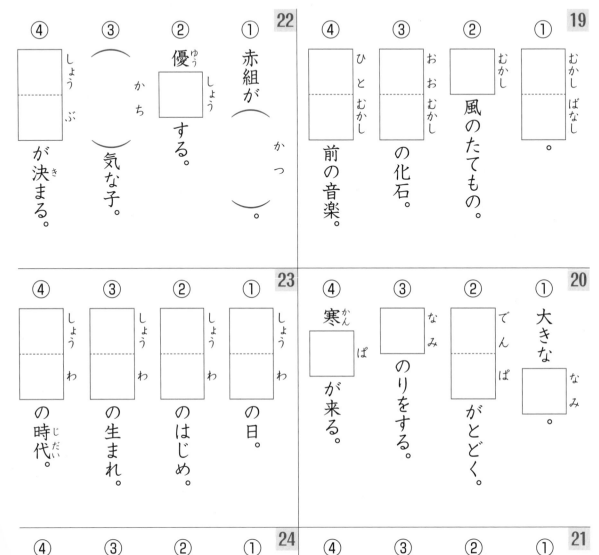

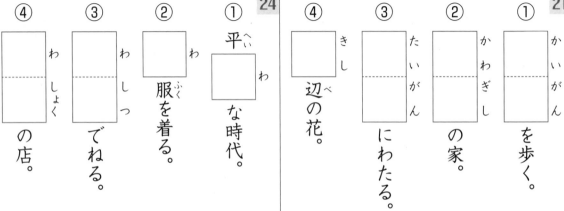

10日　有・代・息・主・服・短

有　25

音　ユウ・（ウ）
訓　ある
部首　月（つき）
意味　ある。もつ。

画数　6

・筆順どおりに書きなさい。

1 ノ（はらう）　2 ナ（ながく）　3 冇　4 有（とめる）（はねる）　5 有　6 有

有

●――線の漢字の読み方を書きなさい。

① 有名。（　　）
② 有利《り》になる。（　　）
③ 有る。（　　）
④ 所有する。（　　）

代　26

音　ダイ・タイ
訓　かわる・かえる・よ・（しろ）
部首　亻（にんべん）
意味　かわりになる。世。

画数　5

・筆順どおりに書きなさい。

1 ノ（はらう）　2 亻（とめる）　3 仁　4 代（うえにはねる）　5 代

代

●――線の漢字の読み方を書きなさい。

① 時代。（　　）
② 母の代わり。（　　）
③ 代表。（　　）

息　27

音　ソク
訓　いき
部首　心（こころ）
意味　いき。休む。むすこ。

画数　10

・筆順どおりに書きなさい。

1 ノ（はらう）　2 亻　3 白　4 白　5 自　6 自　7 自　8 息　9 息（はねる）　10 息

息

●――線の漢字の読み方を書きなさい。

① ため息。（　　）
② 休息する。（　　）
③ 息が合う。（　　）
④ 終息する。（　　）

主　28

音　シュ・（ス）
訓　ぬし・おも
部首　丶（てん）
意味　あるじ。おもな。

画数　5

・筆順どおりに書きなさい。

1 丶（てん）　2 亠　3 十　4 主　5 主（ながく）

主

●――線の漢字の読み方を書きなさい。

① 持《も》ち主。（　　）
② 主人。（　　）
③ 主なこと。（　　）
④ 主食。（　　）

服　29

音　フク
訓　――
部首　月（つきへん）
意味　着る物。したがう。薬をかぞえることば。

画数　8

・筆順どおりに書きなさい。

1 丿（はらう）　2 月（はねる）　3 月　4 月　5 月⁷（はねる）　6 肌（とめる）　7 服（はらう）　8 服（はらう）

服

●――線の漢字の読み方を書きなさい。

① 青い服。（　　）
② 和服。（　　）
③ 一服の薬。（　　）
④ 降《こう》服する。（　　）

短　30

音　タン
訓　みじかい
部首　矢（やへん）
意味　みじかい。おとっている。

画数　12

・筆順どおりに書きなさい。

1 ノ　2 𠂉　3 𠂉　4 午（つきださない）　5 矢　6 矢（とめる）　7 矢　8 矢　9 知　10 知　11 短　12 短

短

●――線の漢字の読み方を書きなさい。

① 短い。（　　）
② 短所。（　　）
③ 短歌。（　　）
④ 短気。（　　）

書いてみよう

月　日

時間 20分【はやい15分・おそい25分】
合格 20問
正答 /24問

25

① □《ゆうめい》な人。
② お金が（　）《あり》あまる。
③ □《ゆう》利《り》になる。
④ 車を□《しょゆう》する。

26

① 父の（　）《かわり》。
② □《しょうねんじだい》。
③ 品物の□《だいきん》。
④ クラスの□《だいひょう》。

27

① ため□《いき》をつく。
② ベンチで□《きゅうそく》する。
③ □《いき》が合う。
④ 流行病《りゅうこうびょう》が□《しゅうそく》する。

28

① 本の持《も》ち□《ぬし》。
② 店の□《しゅじん》。
③ □《おも》な登場《とうじょう》人物。
④ 米は□《しゅしょく》だ。

29

① 白い□《ふく》。
② □《わふく》を着る。
③ 薬を□《いっぷく》飲《の》む。
④ てきに降《こう》□《ふく》する。

30

① （　）《みじかい》ひも。
② □《たんしょ》を直す。
③ 兄は□《たんき》だ。
④ 冬は日が（　）《みじかい》。

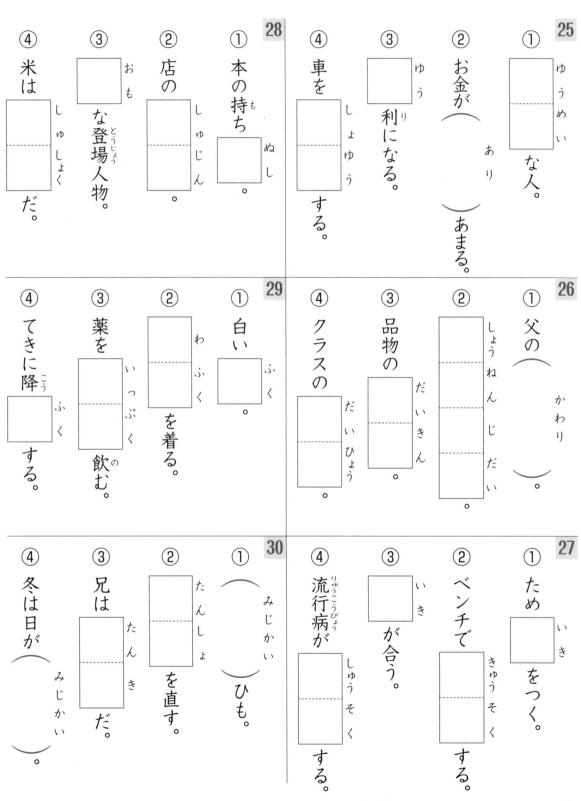

復習テスト(2) 読み

月　日

時間 20分【はやい15分・おそい25分】
合格 80点（一つ5点）
得点　点

1 ―線の漢字の読み方を書きなさい。

① お金を拾う。（　）
② お礼じょうを出す。（　）
③ かえるが泳ぐ。（　）
④ 他人の持《も》ち物。（　）（　）
⑤ 九州へは、かなり昔に行った。（　）（　）
⑥ 水泳クラブに入る。（　）
⑦ 終業式《しき》に行く。（　）
⑧ 昭和が終わる。（　）（　）

「昔」ににた漢字の「音」とまちがえないようにしよう。

2 ―線の漢字の読み方を書きなさい。

① 主人の新しい服を買う。（　）（　）
② 今年の運動会は赤組の勝ちだ。（　）
③ 夜が短いきせつ。（　）
④ 和食を食べる。（　）
⑤ 有名な神社をおとずれる。（　）
⑥ 少年時代をすごす。（　）（　）
⑦ 波が岸によせる。（　）（　）
⑧ 大きなため息をつく。（　）

月　日

時間 20分 【はやい15分・おそい25分】

合格 80点 (一つ5点)

得点　　点

復習テスト (2) 書き

1 □には漢字を、（　）には漢字と送りがなを書きなさい。

① □□《しゅうぎょう》式に出る。

② □《ほか》の人の意見を聞く。

③ （　）《かわり》にお□《れい》を言う。

④ □□《すいえい》選手《せんしゅ》になる。

⑤ □□《ちょうれい》が（　）《おわる》。

⑥ □□《きゅうしゅう》に寒《かん》□《ぱ》が来る。

⑦ □□《おおむかし》の人。

⑧ 貝がらを（　）《ひろう》。

2 □には漢字を、（　）には漢字と送りがなを書きなさい。

① クラスの□□《だいひょう》をえらぶ。

② 本の持《も》ち□《ぬし》に返す。

③ □□《ゆうりょく》な助《たす》け。

④ （　）《みじかい》ひもでむすぶ。

⑤ □□《ゆうめい》な□□《かいがん》を歩く。

⑥ 大きく□《いき》をする。

⑦ 新しい店で□□《わふく》を買う。

⑧ □□《しょうぶ》が決《き》まる。

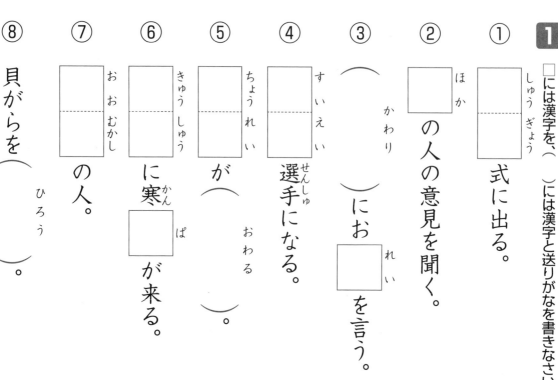

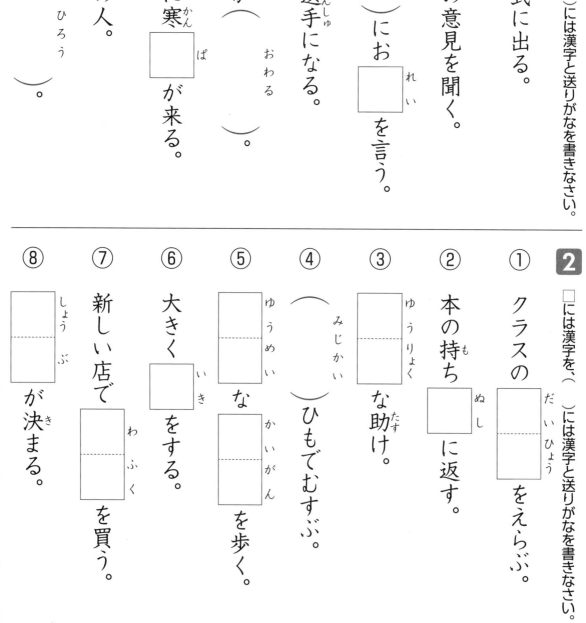

月　日

12日 まとめテスト(1) 読み

時間 20分【はやい15分・おそい25分】
合格 80点（一つ5点）
得点　　点

1 ——線の漢字の読み方を書きなさい。

① 主人はやさしい人だ。
② 母の代わりに薬をもらう。
③ 大きなため息をつく。
④ 他人の持《も》ち物。
⑤ 和服の代金をはらう。
⑥ 波が岸によせる。
⑦ 有名な本を読む。
⑧ 落とし主をさがす。

---

2 ——線の漢字の読み方を書きなさい。

① 昔の思い出を話す。
② 配った宿題を集める。
③ 短い休日だった。
④ 毛筆で先生に手紙を書く。
⑤ 医院に行く。
⑥ 明日のことが心配でねむれない。
⑦ 両方の耳をふさぐ。
⑧ 白組が優《ゆう》勝する。

まとめテスト(1) 書き

月　日

時間 20分 [はやい15分・おそい25分]
合格 80点 (一つ5点)
得点　　点

1 □には漢字を、（　）には漢字と送りがなを書きなさい。

① □《かみ》と仏《ほとけ》。

② 夏休みが（　）《おわる》。

③ 食べ物は十分（　）《ある》。

④ 学校の□□《だいひょう》になる。

⑤ 木かげで□□《きゅうそく》する。

⑥ 気が（　）《みじかい》。

⑦ 制《せい》□《ふく》を着る。

⑧ 湖の□《ぬし》がすがたを見せる。

2 □には漢字を、（　）には漢字と送りがなを書きなさい。

① 自分と□□《たにん》。

② □□《さかみち》を（　）《ころがる》。

③ □□《きゅうしゅう》の銭《せん》□《とう》に行く。

④ □□《すいえい》大会で優《ゆう》□《しょう》する。

⑤ （　）《ひろい》物のお□《れい》を言う。

⑥ □□《かわぎし》に船を着ける。

⑦ ラジオの□□《でんぱ》。

⑧ □□《おおむかし》のきょうりゅうの化石。

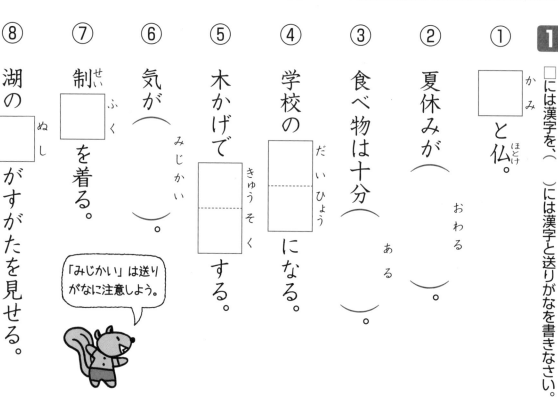

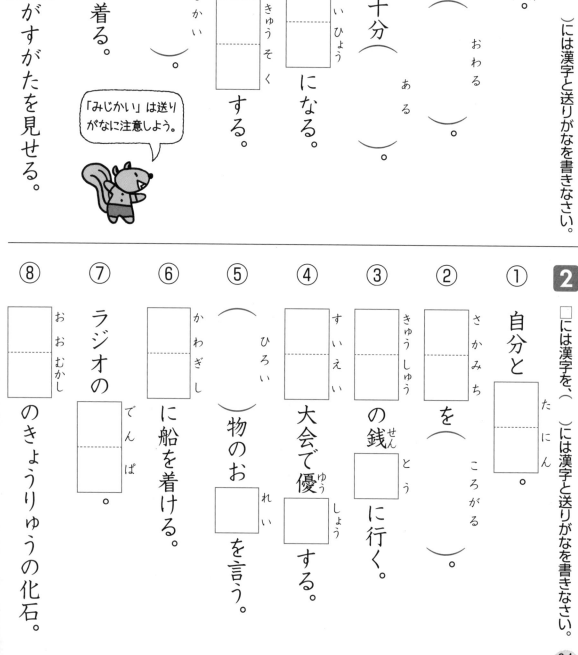

13日　鼻・追・起・銀・界・洋

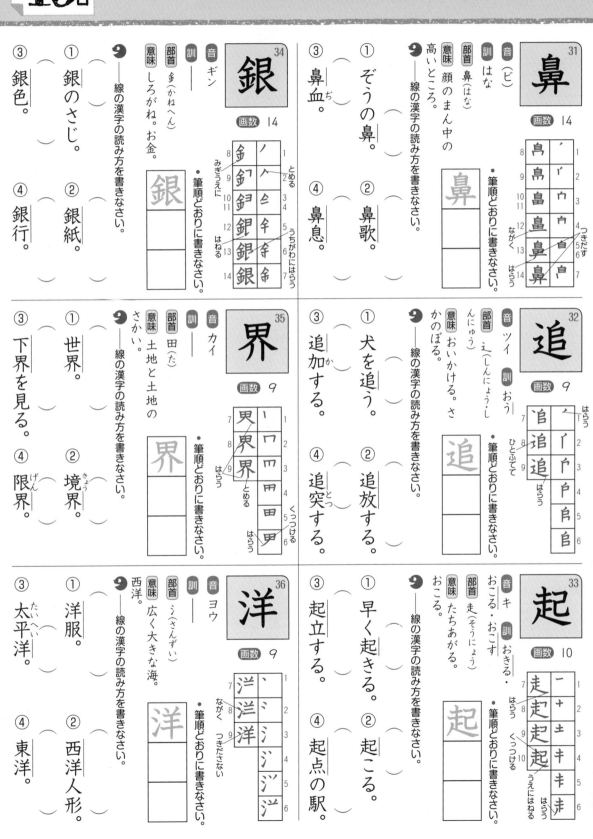

31 鼻　画数 14

音 （ビ）
訓 はな
部首 鼻（はな）
意味 顔のまん中の高いところ。

●筆順どおりに書きなさい。（4・5・6 つきだす　12 ながく　14 はらう）

●——線の漢字の読み方を書きなさい。

① ぞうの鼻。（　　）
② 鼻歌。（　　）
③ 鼻血《ぢ》。（　　）
④ 鼻息。（　　）

32 追　画数 9

音 ツイ　訓 おう
部首 辶（しんにょう・しんにゅう）
意味 おいかける。さかのぼる。

●筆順どおりに書きなさい。（1 はらう　8 ひとふでで　9 はらう）

●——線の漢字の読み方を書きなさい。

① 犬を追う。（　　）
② 追放する。（　　）
③ 追加《か》する。（　　）
④ 追突《とつ》する。（　　）

33 起　画数 10

音 キ　訓 おきる・おこる・おこす
部首 走（そうにょう）
意味 たちあがる。おこる。

●筆順どおりに書きなさい。（6 はらう　7 うえにはねる　8 はらう　10 くっつける）

●——線の漢字の読み方を書きなさい。

① 早く起きる。（　　）
② 起こる。（　　）
③ 起立する。（　　）
④ 起点の駅。（　　）

34 銀　画数 14

音 ギン
訓 —
部首 金（かねへん）
意味 しろがね。お金。

●筆順どおりに書きなさい。（2 とめる　5・6 うちがわにはらう　8 みぎうえに　13 はねる）

●——線の漢字の読み方を書きなさい。

① 銀のさじ。（　　）
② 銀紙。（　　）
③ 銀色。（　　）
④ 銀行。（　　）

35 界　画数 9

音 カイ
訓 —
部首 田（た）
意味 土地と土地のさかい。

●筆順どおりに書きなさい。（5 くっつける　6 はらう　8 とめる　9 はらう）

●——線の漢字の読み方を書きなさい。

① 世界。（　　）
② 境《きょう》界。（　　）
③ 下界を見る。（　　）
④ 限《げん》界。（　　）

36 洋　画数 9

音 ヨウ
訓 —
部首 氵（さんずい）
意味 広く大きな海。西洋。

●筆順どおりに書きなさい。（8 ながく　9 つきださない）

●——線の漢字の読み方を書きなさい。

① 洋服。（　　）
② 西洋人形。（　　）
③ 太平《たいへい》洋。（　　）
④ 東洋。（　　）

書いてみよう

月　日

時間 20分 【はやい15分・おそい25分】　合格 20問　正答 ／24問

31

① □《はな》が高い。

② □□《はなうた》をうたう。

③ □《はな》血《ぢ》が出る。

④ □□《はないき》があらい。

32

① はん人を（　）《おう》。

② 国外に□□《ついほう》する。

③ もう一まい□《つい》加《か》。

④ 車が□《つい》突《とつ》する。

33

① 朝、早く（　）《おきる》。

② 事故《じこ》が（　）《おこる》。

③ 全員が□□《きりつ》する。

④ 線路《せんろ》の□□《きてん》。

34

① □《ぎん》のさじ。

② □□《ぎんがみ》でつつむ。

③ □□《ぎんいろ》に光る。

④ □□《ぎんこう》に行く。

35

① □□《せかい》平和《へいわ》。

② 境《きょう》□《かい》線《せん》をこえる。

③ □□《げかい》を見下ろす。

④ もう限《げん》□《かい》だ。

36

① 赤い□□《ようふく》。

② 太平《たいへい》□《よう》。

③ □□□□《せいようにんぎょう》。

④ □□《とうよう》の国。

14日　寒・由・始・等・遊・決

37 寒　画数 12

音 カン
訓 さむい
部首 宀（うかんむり）
意味 さむい。まずしい。

・筆順どおりに書きなさい。

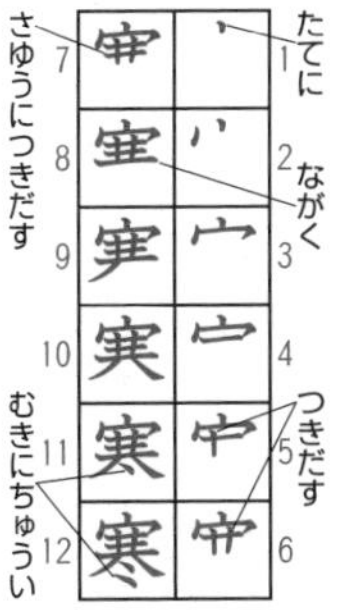

――線の漢字の読み方を書きなさい。

① 冬は寒い。（　　）
② 寒波。（　　）
③ 寒村。（　　）〈まずしい村〉

38 由　画数 5

音 ユ・ユウ・（ユイ）
訓 （よし）
部首 田（た）
意味 わけ。いわれ。さかのぼる。

・筆順どおりに書きなさい。

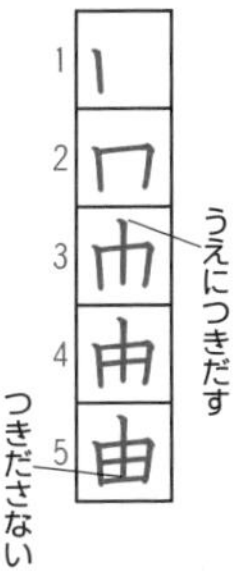

――線の漢字の読み方を書きなさい。

① 自由。（　　）
② 理由。（　　）
③ 由来。（　　）〈それが起こったいわれ〉

39 始　画数 8

音 シ
訓 はじめる・はじまる
部首 女（おんなへん）
意味 事のはじまり。はじめる。

・筆順どおりに書きなさい。

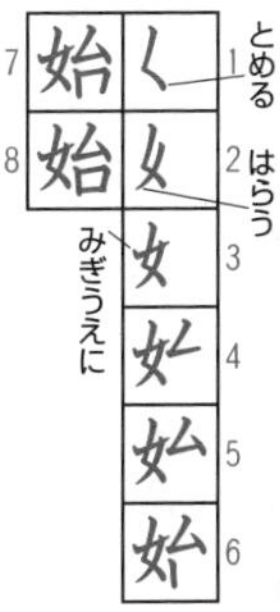

――線の漢字の読み方を書きなさい。

① 始まる。（　　）
② 始発の駅。（　　）
③ 始業式《しき》。（　　）
④ 開始する。（　　）

40 等　画数 12

音 トウ
訓 ひとしい
部首 ⺮（たけかんむり）
意味 同じ。ひとしい。くらい。

・筆順どおりに書きなさい。

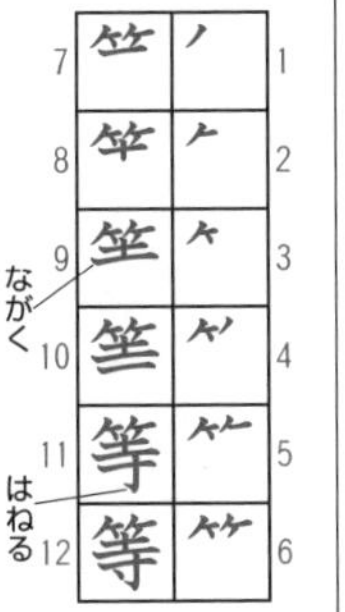

――線の漢字の読み方を書きなさい。

① 一等賞《しょう》。（　　）
② 等しい。（　　）
③ 上等。（　　）
④ 高等学校。（　　）

41 遊　画数 12

音 ユウ・（ユ）
訓 あそぶ
部首 辶（しんにょう・しんにゅう）
意味 あそぶ。たびをする。

・筆順どおりに書きなさい。

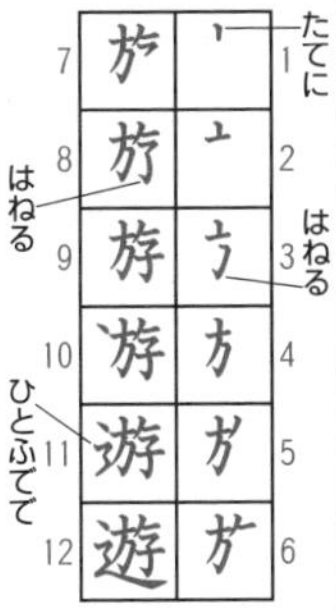

――線の漢字の読み方を書きなさい。

① 遊ぶ。（　　）
② 遊園地。（　　）
③ 遊歩道。（　　）

42 決　画数 7

音 ケツ
訓 きめる・きまる
部首 氵（さんずい）
意味 きめる。思いきってする。

・筆順どおりに書きなさい。

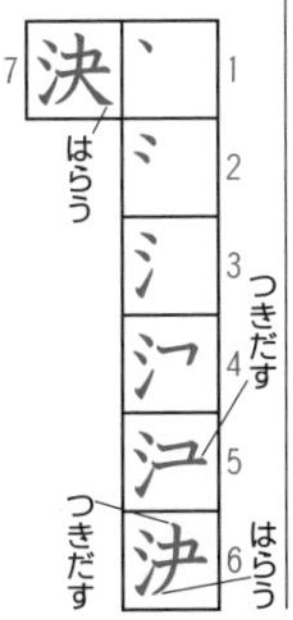

――線の漢字の読み方を書きなさい。

① 決める。（　　）
② 決心する。（　　）
③ 決勝戦《せん》。（　　）
④ 決定する。（　　）

書いてみよう

月　日

時間 20分【はやい15分・おそい25分】

合格 20問

正答　／24問

37

① （　）《さむい》冬。

② □□《かんぱ》がおそう。

③ 山おくの□□《かんそん》。

④ 暑さと（　）《さむさ》。

38

① □□《じゆう》な国。

② □□《りゆう》を言う。

③ 地名の□□《ゆらい》。

④ 東京《とうきょう》を経《けい》□《ゆ》する。

39

① 学校が（　）《はじまる》。

② 勉強を（　）《はじめる》。

③ □□《しぎょう》のベル。

④ 試合《しあい》を□□《かいし》する。

40

① □□《じょうとう》な服。

② □□《いっとう》賞《しょう》になる。

③ 長さが（　）《ひとしい》。

④ □□□□《こうとうがっこう》。

41

① 昔の（　）《あそび》。

② 楽しく（　）《あそぶ》。

③ □□□《ゆうえんち》へ行く。

④ 海辺《うみべ》の□□□《ゆうほどう》。

42

① □□《けっしん》する。

② 係を（　）《きめる》。

③ □□《けっしょう》戦《せん》に進む。

④ 日時を□□《けってい》する。

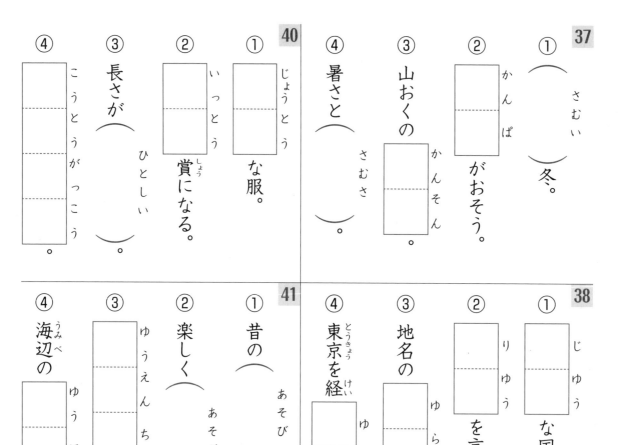

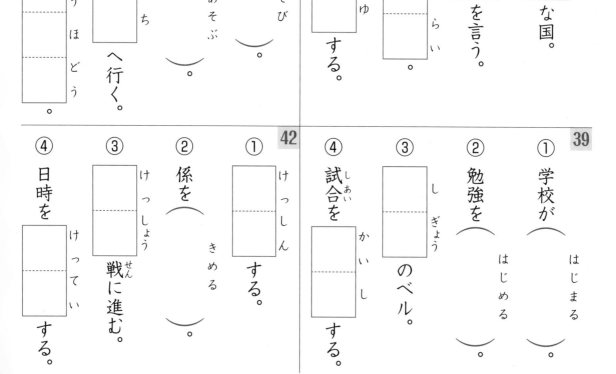

15日 実・整・油・曲・第・部

月　日

43 実

画数 8

音 ジツ
訓 み・みのる
部首 宀（うかんむり）
意味 なかみ。草や木のみ。

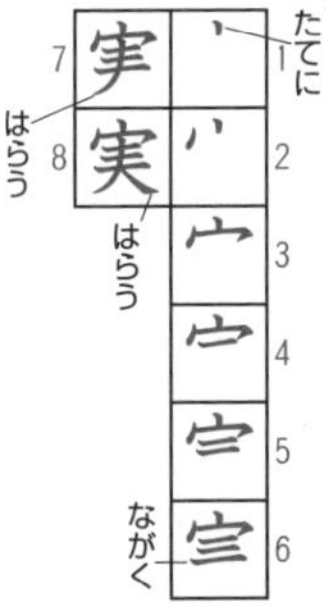

・筆順どおりに書きなさい。

実

❾――線の漢字の読み方を書きなさい。

① くりの実。（　　）
② 米が実る。（　　）
③ 実物。（　　）
④ 実力。（　　）

44 整

画数 16

音 セイ
訓 ととのえる・ととのう
部首 攵（のぶん・ぼくづくり）
意味 そろえる。きちんとする。

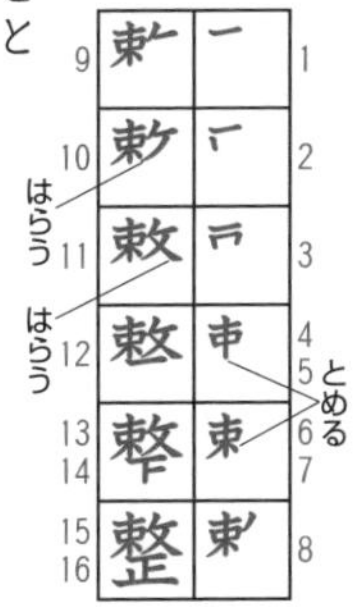

・筆順どおりに書きなさい。

整

❾――線の漢字の読み方を書きなさい。

① 整理する。（　　）
② 整列する。（　　）
③ 整える。（　　）
④ 調整する。（　　）

45 油

画数 8

音 ユ
訓 あぶら
部首 氵（さんずい）
意味 あぶら。

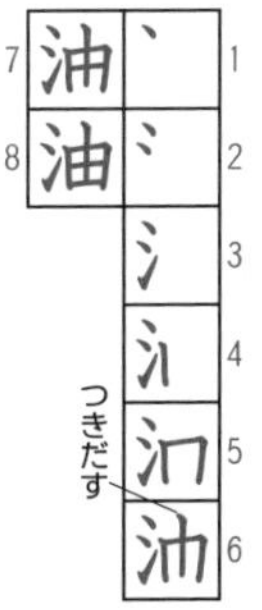

・筆順どおりに書きなさい。

油

❾――線の漢字の読み方を書きなさい。

① 油がうく。（　　）
② 油絵。（　　）
③ 石油。（　　）
④ 油田。（　　）

46 曲

画数 6

音 キョク
訓 まがる・まげる
部首 曰（ひらび・いわく）
意味 音楽のふし。まがる。

・筆順どおりに書きなさい。

曲

❾――線の漢字の読み方を書きなさい。

① 角を曲がる。（　　）
② 名曲。（　　）
③ 行進曲。（　　）

47 第

画数 11

音 ダイ
訓 ―
部首 ⺮（たけかんむり）
意味 じゅんじょ。じゅんじょを表すことば。

・筆順どおりに書きなさい。

第

❾――線の漢字の読み方を書きなさい。

① 第一学年。（　　）
② 落第。（　　）
③ 第三者。（　　）

48 部

画数 11

音 ブ
訓 ―
部首 阝（おおざと）
意味 こまかく分けた一つ一つ。新聞などの数え方。

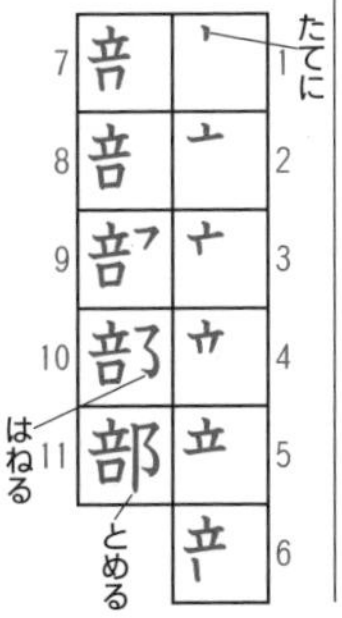

・筆順どおりに書きなさい。

部

❾――線の漢字の読み方を書きなさい。

① 野球部。（　　）
② 全部。（　　）
③ 部品。（　　）

書いてみよう

時間 20分【はやい15分・おそい25分】
合格 20問
正答 ／24問

43

① 木の□《み》。
② オレンジが（みのる）。
③ □□《じつぶつ》と同じです。
④ □□《じつりょく》を出す。

44

① □□《せいり》する。
② 身なりを（ととのえる）。
③ 音量《おんりょう》を□□《ちょうせい》する。
④ 校庭に□□《せいれつ》する。

45

① 天ぷら□《あぶら》を買う。
② □□《せきゆ》を大切に。
③ □□《ゆでん》をほる。
④ □□《あぶらえ》をかく。

46

① 角を（まがる）。
② □□《めいきょく》をきく。
③ □□□《こうしんきょく》で歩く。
④ □□《きょくせん》をえがく。

47

① □□□《だいいっかい》。
② □□《らくだい》する。
③ □□□□《だいいちがくねん》。
④ □□□《だいさんしゃ》の意見。

48

① □□□《やきゅうぶ》。
② きかいの□□《ぶひん》。
③ □□《ぜんぶ》ください。
④ 大会の□□《ほんぶ》。

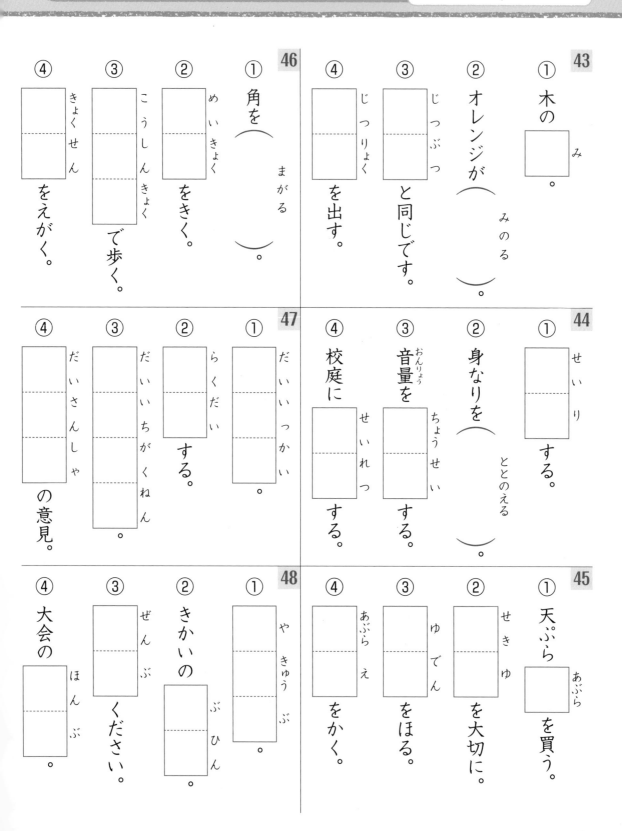

16日

復習テスト (3)

読み

月　日

時間 20分 【はやい15分・おそい25分】
合格 80点 (一つ5点)
得点　点

1 ――線の漢字の読み方を書きなさい。

① 第三回戦《せん》に勝つ。
② 寒いところで、寒天を作る。
③ さあ、勉強を始めよう。
④ これを全部ください。
⑤ 遊園地で遊ぶ。
⑥ 出かける前に身なりを整える。
⑦ 行進曲をきく。
⑧ いなほがたわわに実る。

2 ――線の漢字の読み方を書きなさい。

① 一等賞《しょう》に決まる。
② 鼻歌を歌う。
③ はん人の車を追せきする。
④ 自由に公園で遊ぶ。
⑤ 妹を朝五時に起こす。
⑥ 黄色の洋服を人形に着せる。
⑦ 世界一長い川。
⑧ 父と銀行へ行く。

復習テスト (3)　書き

月　日

時間 20分【はやい15分・おそい25分】
合格 80点（一つ5点）
得点　点

1 □には漢字を、（　）には漢字と送りがなを書きなさい。

① □《ぎん》かを（　）《ひとしく》分ける。

② □□《せきゆ》を大切に。

③ 太平《たいへい》□《よう》は広い。

④ 朝早く（　）《おきる》。

⑤ あの角を（　）《まがる》。

⑥ はん人を（　）《おい》かける。

⑦ ぞうは□《はな》が長い。

⑧ □□□《やきゅうぶ》に入る。

2 □には漢字を、（　）には漢字と送りがなを書きなさい。

① くりの□《み》が（　）《みのる》。

② なたね□《あぶら》を使った料理《りょうり》。

③ たいへん（　）《さむい》部屋《へや》。

④ □□《じゆう》に空をとべる。

⑤ □□《しぎょう》式《しき》が（　）《はじまる》。

⑥ □□《けっしん》をする。

⑦ □□□《ゆうえんち》で（　）《あそぶ》。

⑧ 運動会で□□《いっとう》になる。

17日　炭・歯・登・写・笛・宮

49 炭

音 タン
訓 すみ
部首 火（ひ）
意味 すみ。石たん。

画数 9

・筆順どおりに書きなさい。

――線の漢字の読み方を書きなさい。

① 炭火。（　　）
② 石炭。（　　）
③ 炭酸《さん》。（　　）
④ 木炭。（　　）

50 歯

音 シ
訓 は
部首 歯（は）
意味 は。

画数 12

・筆順どおりに書きなさい。

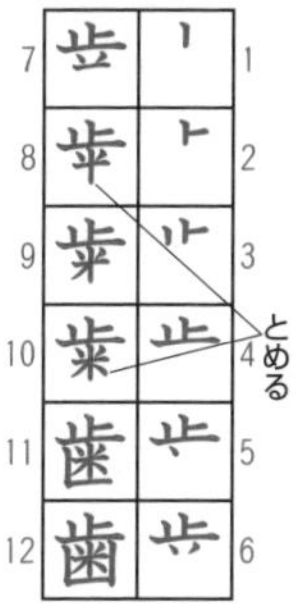

――線の漢字の読み方を書きなさい。

① 白い歯。（　　）
② にゅう歯。（　　）
③ 歯医者。（　　）
④ 虫歯。（　　）

51 登

音 トウ・ト
訓 のぼる
部首 癶（はつがしら）
意味 高い所に上がる。えらくなる。

画数 12

・筆順どおりに書きなさい。

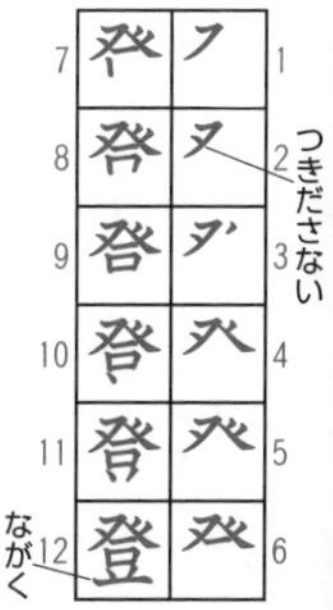

――線の漢字の読み方を書きなさい。

① 登る。（　　）
② 登校。（　　）
③ 登山。（　　）
④ 登場。（　　）

52 写

音 シャ
訓 うつす・うつる
部首 冖（わかんむり）
意味 そのままにかきとる。

画数 5

・筆順どおりに書きなさい。

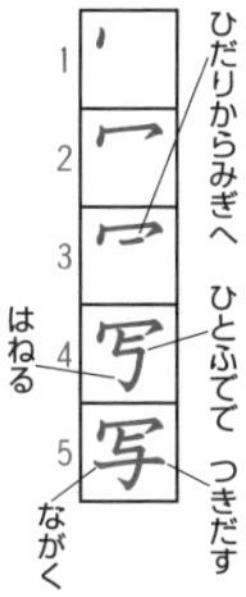

――線の漢字の読み方を書きなさい。

① 写す。（　　）
② 写生。（　　）
③ 写真《しん》。（　　）
④ 書写。（　　）

53 笛

音 テキ
訓 ふえ
部首 ⺮（たけかんむり）
意味 ふえ。

画数 11

・筆順どおりに書きなさい。

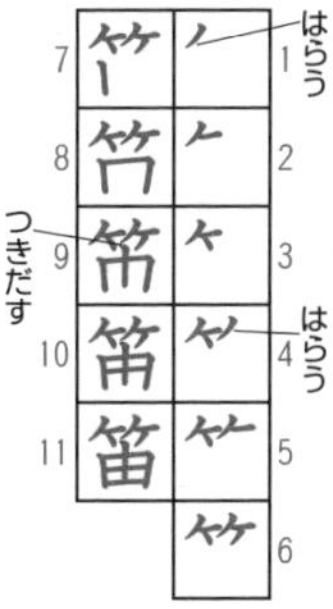

――線の漢字の読み方を書きなさい。

① 笛。（　　）
② 汽笛。（　　）
③ 口笛。（　　）
④ 警《けい》笛。（　　）

54 宮

音 キュウ・（グウ）・（ク）
訓 みや
部首 宀（うかんむり）
意味 神社。ごてん。てんのうのすまい。

画数 10

・筆順どおりに書きなさい。

――線の漢字の読み方を書きなさい。

① お宮参《まい》り。（　　）
② 王宮。（　　）
③ 宮でん。（　　）
④ 宮大工。（　　）

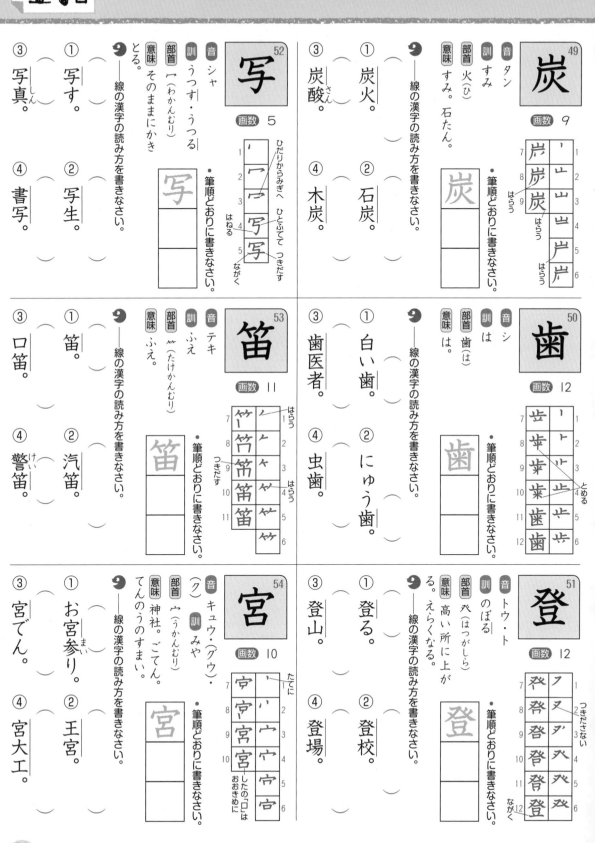

書いてみよう

月　日

時間 20分
【はやい15分・おそい25分】

合格 20問

正答　/24問

49

① □《すみ》をおこす。

② □□《せきたん》をほる。

③ □《たん》酸《さん》ソーダ。

④ □□《もくたん》をやく。

50

① □《は》がいたい。

② □□□《はいしゃ》へ行く。

③ □□《むしば》をぬく。

④ □□□□《しかいいん》。

51

① 山に（　）《のぼる》。

② □□《とうこう》する。

③ 遠足は□□《とざん》だ。

④ 木に（　）《のぼる》。

52

① まどに顔が（　）《うつる》。

② しゃ真《しん》を（　）《うつす》。

③ 花を□□《しゃせい》する。

④ □□《しょしゃ》の時間。

53

① たて□《ぶえ》をふく。

② 船の□□《きてき》。

③ □□《くちぶえ》をふく。

④ 列車の警《けい》□《てき》。

54

① お□《みや》の森。

② □□《おうきゅう》に行く。

③ お□《みや》参《まい》り。

④ りっぱな□《きゅう》でん。

18日　秒・路・持・育・館・族

秒 55

音 ビョウ
訓 ―
部首 禾(のぎへん)
意味 時間や角度のたんい。一分の六十分の一。

画数 9

・筆順どおりに書きなさい。（はらう・とめる・はねる・はらう）

―線の漢字の読み方を書きなさい。

① 十秒。（　　）
② 秒読み。（　　）
③ 秒速。（　　）
④ 毎秒。（　　）

路 56

音 ロ
訓 じ
部首 𧾷(あしへん)
意味 みち。みちすじ。

画数 13

・筆順どおりに書きなさい。（みぎうえに）

―線の漢字の読み方を書きなさい。

① 道路。（　　）
② 進路。（　　）
③ 家路。（　　）
④ 路線。（　　）

持 57

音 ジ
訓 もつ
部首 扌(てへん)
意味 手にとる。ひきうける。もちこたえる。

画数 9

・筆順どおりに書きなさい。（はねる・はねる・みぎうえに）

―線の漢字の読み方を書きなさい。

① 気持ち。（　　）
② 持つ。（　　）
③ 持続《ぞく》。（　　）
④ お金持ち。（　　）

育 58

音 イク
訓 そだつ・そだてる・はぐくむ
部首 肉(にく)
意味 大きくなる。そだてる。

画数 8

・筆順どおりに書きなさい。（たてに・ながく・とめる・はねる）

―線の漢字の読み方を書きなさい。

① 体育。（　　）
② 育つ。（　　）
③ 夢《ゆめ》を育む。（　　）
④ 教育。（　　）

館 59

音 カン
訓 やかた
部首 𩙿(しょくへん)
意味 大きなたてもの。やどや。

画数 16

・筆順どおりに書きなさい。（とめる・たてに）

―線の漢字の読み方を書きなさい。

① 体育館。（　　）
② 旅《りょ》館。（　　）
③ 古い館。（　　）
④ 図書館。（　　）

族 60

音 ゾク
訓 ―
部首 方(ほうへん・かたへん)
意味 同じそせんから分かれたもの。同じしゅるい。

画数 11

・筆順どおりに書きなさい。（たてに・はねる・つきださない・はらう）

―線の漢字の読み方を書きなさい。

① 家族。（　　）
② 一族。（　　）
③ 民《みん》族。（　　）
④ 水族館。（　　）

書いてみよう

月　日

時間 20分【はやい15分・おそい25分】　正答

合格 20問　/24問

55

① □□《じゅうびょう》で走る。

② □□《びょうそく》八十メートル。

③ （　　）《びょうよみ》が始まる。

④ □□《まいびょう》十メートル。

56

① □□《どうろ》が混《こ》む。

② □□《しんろ》を変《か》える。

③ □□《くうろ》でアメリカへ。

④ □□《いえじ》をたどる。

57

① （　　）《きもち》よい風。

② かばんを（　　）《もつ》。

③ （　　）《もちば》をはなれる。

④ お金を□□《しょじ》する。

58

① □□《たいいく》の時間。

② 朝顔が（　　）《そだつ》。

③ □□《はついく》がよい。

④ ひなを（　　）《はぐくむ》。

59

① 美術《びじゅつ》□《かん》に行く。

② 坂の上の□《やかた》。

③ 映《えい》□□《がかん》ができる。

④ □□□《としょかん》。

60

① 四人□□《かぞく》。

② □□《いちぞく》がそろう。

③ 日本民《みん》□《ぞく》。

④ □□□《すいぞくかん》。

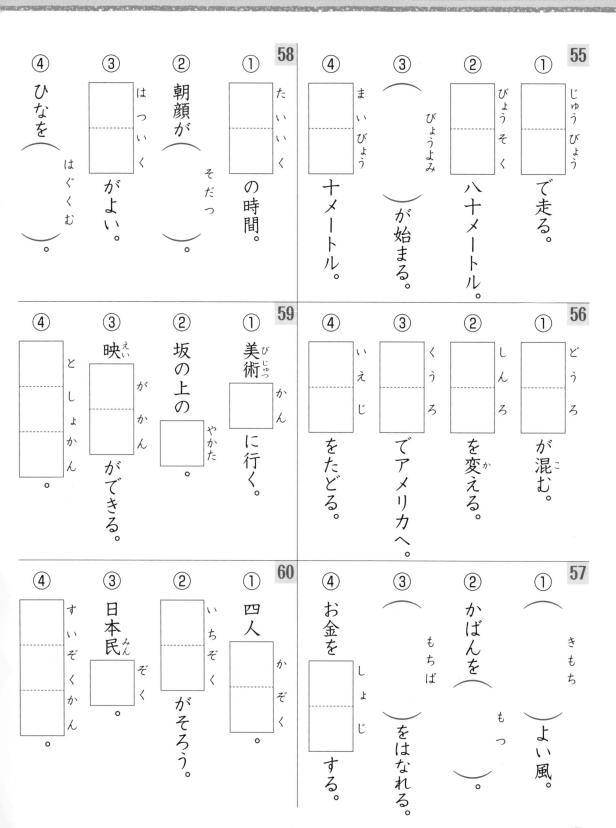

19日 申・幸・住・倍・皮・飲

月　日

申　61

画数 5

音 (シン)　訓 もうす

部首 田(た)

意味 目上の人に言う。のべる。

(筆順 1〜5　申：つきだす)

・筆順どおりに書きなさい。

申

―線の漢字の読み方を書きなさい。

① 申しこむ。（　　）

② 申す。（　　）

③ 申しわけない。（　　）

幸　62

画数 8

音 コウ　訓 さいわい・しあわせ・(さち)

部首 干(かん・いちじゅう)

意味 しあわせ。運のいいこと。

(筆順 1〜8　みじかく　ながく)

・筆順どおりに書きなさい。

幸

―線の漢字の読み方を書きなさい。

① 幸せ。（　　）

② 幸福《ふく》。（　　）

③ 不《ふ》幸。（　　）

④ 幸い。（　　）

住　63

画数 7

音 ジュウ　訓 すむ・すまう

部首 亻(にんべん)

意味 すむ。すまい。

(筆順 1〜7　とめる　てん　みじかく)

・筆順どおりに書きなさい。

住

―線の漢字の読み方を書きなさい。

① 住む。（　　）

② 住所。（　　）

③ 住民《みん》。（　　）

④ 住まい。（　　）

倍　64

画数 10

音 バイ　訓 ―

部首 亻(にんべん)

意味 ます。もとの数の二倍になる。

(筆順 1〜10　はらう　とめる　たてに)

・筆順どおりに書きなさい。

倍

―線の漢字の読み方を書きなさい。

① 倍になる。（　　）

② 二倍。（　　）

③ 人一倍。（　　）

皮　65

画数 5

音 ヒ　訓 かわ

部首 皮(けがわ)

意味 動植物の外がわをおおっている物。うわべ。

(筆順 1〜5　はらう　はねる　はらう　はらう)

・筆順どおりに書きなさい。

皮

―線の漢字の読み方を書きなさい。

① 皮をむく。（　　）

② 皮ふ。（　　）

③ 毛皮。（　　）

④ 皮ぐつ。（　　）

飲　66

画数 12

音 イン　訓 のむ

部首 飠(しょくへん)

意味 のどから水やのみ物を入れる。みくびる。

(筆順 1〜12　とめる　たてに　はらう　はらう)

・筆順どおりに書きなさい。

飲

―線の漢字の読み方を書きなさい。

① 飲む。（　　）

② 飲料《りょう》水《すい》。（　　）

③ 飲み薬。（　　）

④ 飲食。（　　）

書いてみよう

時間 20分 【はやい15分・おそい25分】
合格 20問
正答 　/24問

61

① （　）《もうし》こむ。

② （　）《もうしぶん》のない天気。

③ （　）《もうし》上げます。

④ （　）《もうし》出なさい。

62

① （　）《しあわせ》になる。

② □《こう》福《ふく》になる。

③ 不《ふ》□《こう》な出来事。

④ （　）《さいわい》であった。

63

① 町に（　）《すむ》。

② （　）《すみ》なれた家。

③ □□《じゅうしょ》を言う。

④ □《じゅう》民《みん》の声。

64

① 二の□□《にばい》。

② □□□《ひといちばい》。

③ 人口が□□《にばい》になる。

④ 勇気《ゆうき》□□《ひゃくばい》だ。

65

① かきの□《かわ》。

② □《ひ》ふの色。

③ □□《けがわ》のコート。

④ □《かわ》ぐつをはく。

66

① 水を（　）《のむ》。

② □《いん》料水《りょうすい》。

③ 薬を（　）《のむ》。

④ □□□《いんしょくてん》。

20日 復習テスト（4）読み

時間 20分【はやい15分・おそい25分】
合格 80点（一つ5点）
得点　点

1 ――線の漢字の読み方を書きなさい。

① 進路を北にとる。
② 公園の花を写生する。
③ 登山電車に乗《の》る。
④ 炭火が真《ま》っ赤《か》にもえる。
⑤ 歯科医院に行く。
⑥ 宮でんの石の柱。
⑦ 船が汽笛を鳴らす。
⑧ 水族館で魚を育てる。

2 ――線の漢字の読み方を書きなさい。

① 幸福《ふく》が育まれる。
② 飲食店ではたらく。
③ わたしの住まいを申し上げます。
④ 皮ふの色。
⑤ とても幸せな気持ちになる。
⑥ 体育館に集まる。
⑦ 人口が二倍にふえる。
⑧ 秒読みが始まる。

復習テスト(4) 書き

月　日

時間 20分【はやい15分・おそい25分】
合格 80点（一つ5点）
得点　点

1 □には漢字を、（　）には漢字と送りがなを書きなさい。

① （　）《しあわせ》に（　）《そだつ》。

② 町に（　）《すむ》。

③ □《いん》料水《りょうすい》を（　）《のむ》。

④ 一分は□□□《ろくじゅうびょう》だ。

⑤ 仕事が□《ばい》になる。

⑥ りんごの□《かわ》をむく。

⑦ わたしが（　）《もうし》上げます。

⑧ かばんを（　）《もつ》。

2 □には漢字を、（　）には漢字と送りがなを書きなさい。

① お□《みや》の木に（　）《のぼる》。

② 古くてりっぱな□《やかた》。

③ 夕食に□□《かぞく》がそろう。

④ □《は》がいたい。

⑤ □《すみ》をやく。

⑥ ノートに（　）《うつす》。

⑦ □□《どうろ》で□《ふえ》をふく。

⑧ このげきの□□□□《とうじょうじんぶつ》。

月　日

21日 まとめテスト (2)

読み

時間 20分【はやい15分・おそい25分】

合格 80点（一つ4点）

得点　　点

1

――線の漢字の読み方を書きなさい。

① 炭火でやくと、おいしい。

② 母と洋服を買いに行く。

③ 皮ぐつをはく。

④ 歯科医院の住所を調べる。

⑤ 寒い日、銀行へ行った。

⑥ 決勝戦《せん》が始まる。

⑦ 兄は口笛が上手です。

⑧ はん人を追せきする。

2

――線の漢字の読み方を書きなさい。

① 角を曲がって家路を急ぐ。

② 部屋の整理をする。

③ 遊園地で遊ぶ。

④ 飲食店が二倍にふえた。

⑤ 体育館の前の道路。

⑥ 写生大会で入選《にゅうせん》する。

⑦ 第一回戦《せん》で負けた。

⑧ お宮のかきの実が落ちた。

まとめテスト(2) 書き

月　日

時間 20分 【はやい15分・おそい25分】

合格 80点 (一つ4点)

得点　　点

1 □には漢字を、（　）には漢字と送りがなを書きなさい。

① □《ぎんこういん》の父。

② 悪人を（　）《おい》かける。

③ □《せかいいち》高い山に（　）《のぼる》。

④ □《せきたん》と□《せきゆ》。

⑤ （　）《きもち》のよい風。

⑥ □《こうとう》学校に□《とうこう》する。

⑦ 日記をつける□《けっしん》をする。

⑧ □《どうろ》工事の音で（　）《おきる》。

2 □には漢字を、（　）には漢字と送りがなを書きなさい。

① □《きゅう》でんの□《ゆらい》を調べる。

② 日本最大《さいだい》の□《すいぞくかん》。

③ □《はな》の高い□《せいようじん》。

④ （　）《ととのった》顔立ち。

⑤ □《しぎょう》式《しき》が（　）《はじまる》。

⑥ □《ゆうめい》な□《さっきょくか》。

⑦ □《しゃ》真《しん》を（　）《うつす》。

⑧ テニス□《ぶ》に入る。

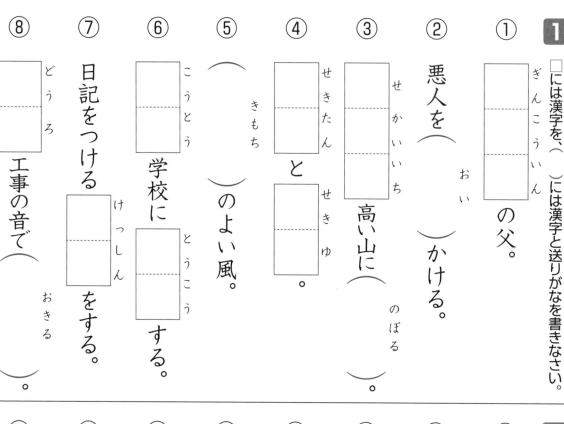

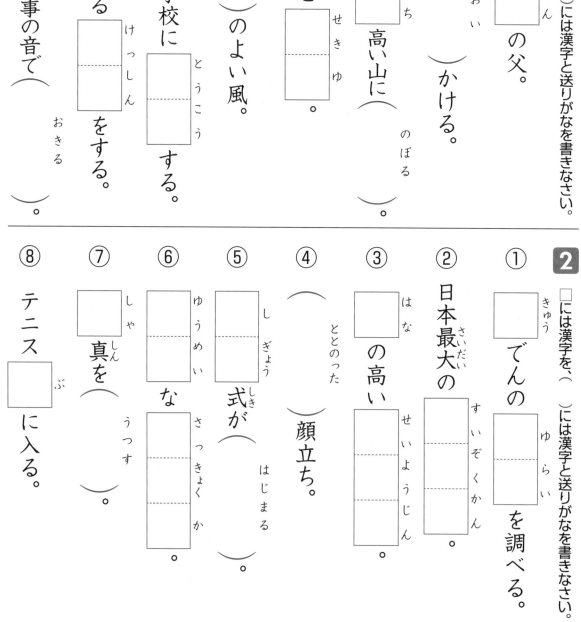

指・感・取・箱・旅・軽

67 指

画数 9

音 シ
訓 ゆび・さす
部首 扌（てへん）
意味 ゆび。ゆびでさす。

・筆順どおりに書きなさい。

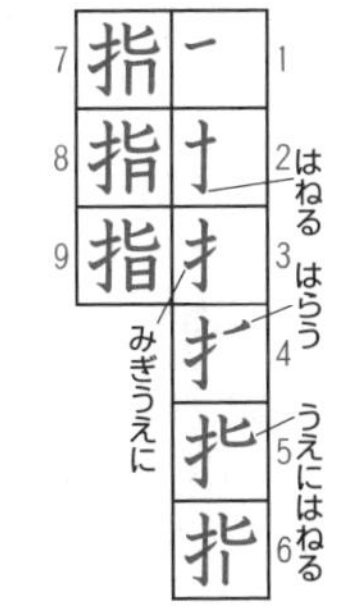

❾ ——線の漢字の読み方を書きなさい。

① 指切り。（　　）
② 指定。（　　）
③ 指す。（　　）
④ 指先。（　　）

68 感

画数 13

音 カン
訓 —
部首 心（こころ）
意味 心が動く。心に深くしみこむ気持ち。

・筆順どおりに書きなさい。

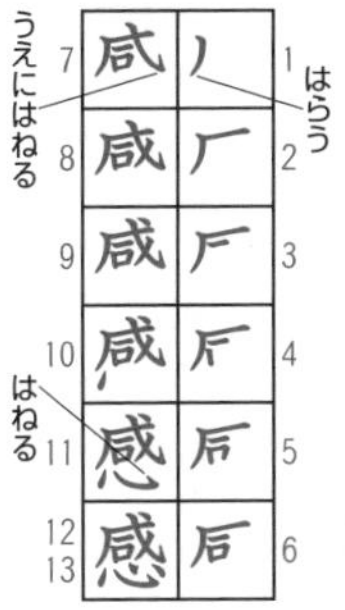

❾ ——線の漢字の読み方を書きなさい。

① 感心。（　　）
② 同感。（　　）
③ 感度。（　　）
④ 感激《げき》。（　　）

69 取

画数 8

音 シュ
訓 とる
部首 又（また）
意味 持つ。ぬすむ。手で使う。えらぶ。

・筆順どおりに書きなさい。

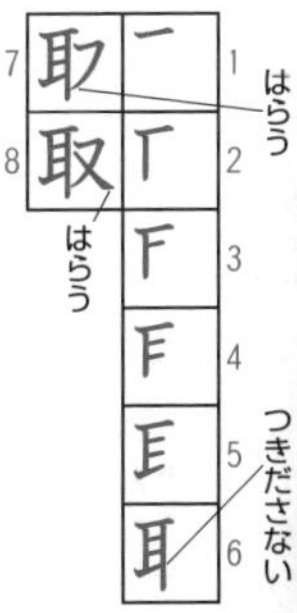

❾ ——線の漢字の読み方を書きなさい。

① 本を取る。（　　）
② 取得《とく》。（　　）
③ 書き取り。（　　）
④ 取材《ざい》。（　　）

70 箱

画数 15

音 —
訓 はこ
部首 ⺮（たけかんむり）
意味 物をしまっておく入れ物。はこ。

・筆順どおりに書きなさい。

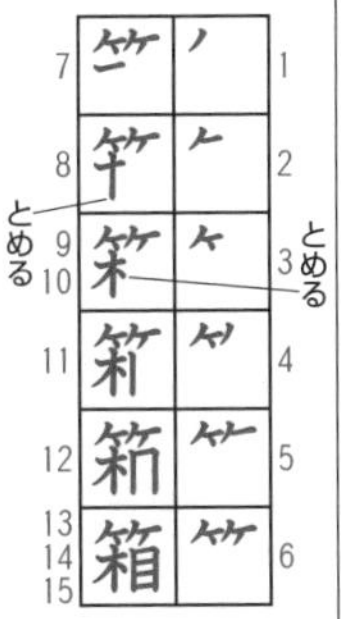

❾ ——線の漢字の読み方を書きなさい。

① 弁当《べんとう》箱。（　　）
② 宝《ほう》石箱。（　　）
③ 箱につめて送る。（　　）

71 旅

画数 10

音 リョ
訓 たび
部首 方（ほうへん・かたへん）
意味 自分の家をはなれて、遠い所へ行く。

・筆順どおりに書きなさい。

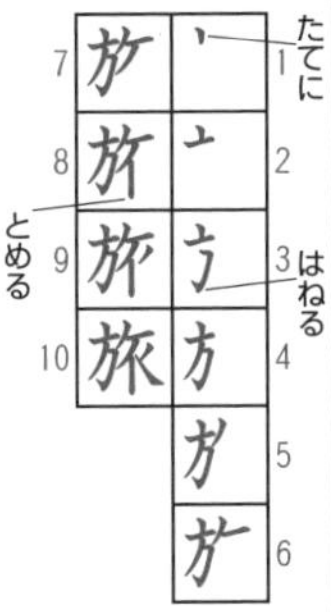

❾ ——線の漢字の読み方を書きなさい。

① 旅。（　　）
② 旅行案内《あんない》所《しょ》。（　　）
③ 旅館。（　　）
④ 旅人。（　　）

72 軽

画数 12

音 ケイ
訓 かるい・（かろやか）
部首 車（くるまへん）
意味 目方が少ない。あっさりしている。

・筆順どおりに書きなさい。

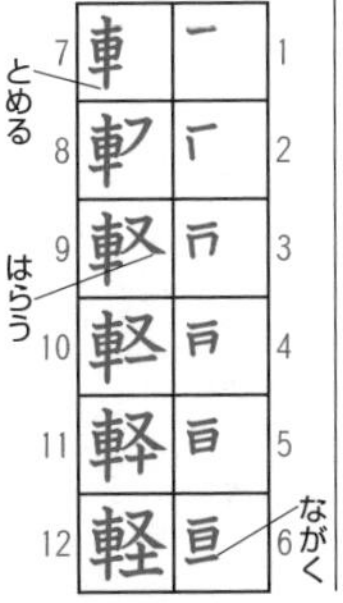

❾ ——線の漢字の読み方を書きなさい。

① 軽い。（　　）
② 軽べつする。（　　）
③ 軽石。（　　）
④ 軽食。（　　）

書いてみよう

月　日

時間 20分 【はやい15分・おそい25分】

合格 20問

正答 　/24問

67

① □□《おやゆび》ひめ。

② （　　）《ゆびきり》げんまん。

③ □□《してい》された場所。

④ □《し》導者《どうしゃ》は先生。

68

① □□《かんしん》な児童《じどう》。

② □□《かんど》は良好《りょうこう》だ。

③ 全く□□《どうかん》です。

④ □《かん》激《げき》する場面。

69

① 年を（　　）《とる》。

② 百点を（　　）《とる》。

③ よごれを（　　）《とる》。

④ □□《せんしゅ》点を入れる。

70

① 宝《ほう》□□《せきばこ》。

② 巣《す》□《ばこ》をかける。

③ げた□《ばこ》のそうじ。

④ □□《くすりばこ》を開ける。

71

① □《たび》に出る。

② □□《りょこう》をする。

③ □□《りょかん》にとまる。

④ □□《たびびと》と出会う。

72

① 体重が（　　）《かるい》。

② □《かる》々と持ち上げる。

③ （　　）《かるく》食事をする。

④ □□《けいゆ》で動く自動車。

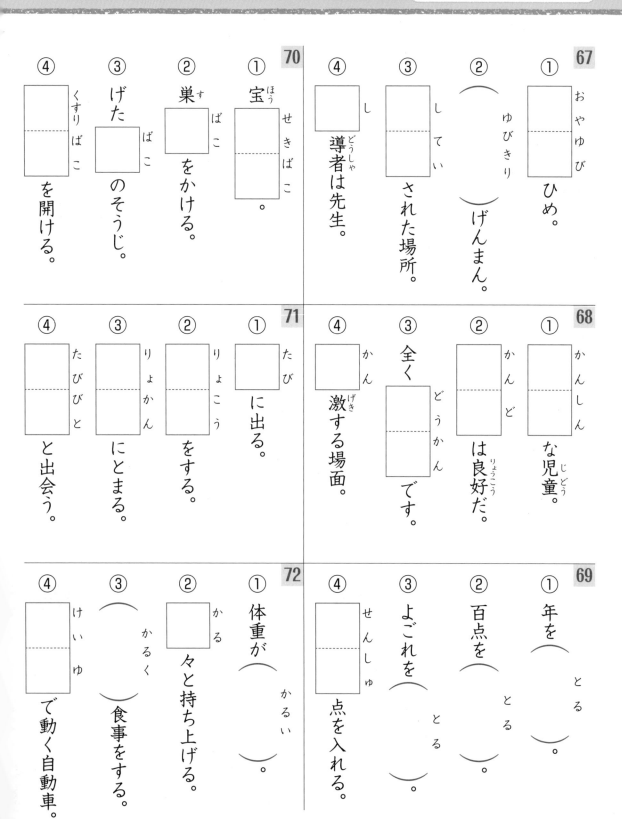

23日　助・投・悲・打・安・血

助 73

音　ジョ

訓　たすける・たすかる・(すけ)

部首　力(ちから)

意味　力をかす。すくう。

画数　7

・筆順どおりに書きなさい。

——線の漢字の読み方を書きなさい。

① 助ける。（　　）

② 救《きゅう》助。（　　）

③ 助手。（　　）

④ 助走。（　　）

投 74

音　トウ

訓　なげる

部首　扌(てへん)

意味　なげる。

画数　7

・筆順どおりに書きなさい。

——線の漢字の読み方を書きなさい。

① 投げる。（　　）

② 投手。（　　）

③ 投下。（　　）

④ 続《ぞく》投。（　　）

悲 75

音　ヒ

訓　かなしい・かなしむ

部首　心(こころ)

意味　かなしい。あわれなこと。

画数　12

・筆順どおりに書きなさい。

——線の漢字の読み方を書きなさい。

① 悲しい。（　　）

② 悲鳴。（　　）

③ 悲劇《げき》。（　　）

④ 悲観的《かんてき》。（　　）

打 76

音　ダ

訓　うつ

部首　扌(てへん)

意味　たたく。物事を行う。

画数　5

・筆順どおりに書きなさい。

——線の漢字の読み方を書きなさい。

① 打つ。（　　）

② 打球。（　　）

③ 打力。（　　）

④ 打楽器《がっき》。（　　）

安 77

音　アン

訓　やすい

部首　宀(うかんむり)

意味　ねだんがやすい。心がやすらかだ。

画数　6

・筆順どおりに書きなさい。

——線の漢字の読み方を書きなさい。

① 安心。（　　）

② 安い。（　　）

③ 安全。（　　）

④ 不《ふ》安。（　　）

血 78

音　ケツ

訓　ち

部首　血(ち)

意味　からだの中をながれるえき体。ちすじ。

画数　6

・筆順どおりに書きなさい。

——線の漢字の読み方を書きなさい。

① 血が出る。（　　）

② 血液《えき》。（　　）

③ 鼻血。（　　）

④ 出血。（　　）

書いてみよう

月　日

時間 20分 【はやい15分・おそい25分】
合格 20問
正答　／24問

73

① 人を（たすける）。

② 先生の□□《じょしゅ》をする。

③ □□《じょそう》をつける。

④ 子どもを救《きゅう》□《じょ》する。

74

① 石を（なげる）。

② 勝利《しょうり》□□《とうしゅ》になる。

③ 物資《ぶっし》を□□《とうか》する。

④ （なげ）やりになる。

75

① （かなしい）お話。

② □□《ひめい》をあげる。

③ 友の死を（かなしむ）。

④ □《ひ》劇《げき》の主人公。

76

① くぎを（うつ）。

② （うち）上げ花火。

③ □□《だきゅう》がとぶ。

④ □《だ》楽器《がっき》。

77

① □□《あんしん》する。

② （やすく）買う。

③ 交通□□《あんぜん》。

④ 不《ふ》□《あん》な気持ち。

78

① 赤い□《ち》。

② □□《はなぢ》が出る。

③ □《けつ》液《えき》が流《なが》れる。

④ ひどい□□《しゅっけつ》だ。

祭・深・式・農・酒・客

79 祭

音 サイ
訓 まつる・まつり
部首 示（しめす）
意味 神様をまつること。そのぎしき。

画数 11

・筆順どおりに書きなさい。
（はらう・ながく・はねる・はらう・とめる）

祭

❾ ―線の漢字の読み方を書きなさい。

① 祭り。（　　）
② 体育祭。（　　）
③ 祭日。（　　）
④ 前夜祭。（　　）

80 深

音 シン
訓 ふかい・ふかまる・ふかめる
部首 氵（さんずい）
意味 底までの間が長い。

画数 11

・筆順どおりに書きなさい。
（はらう・まげてとめる・とめる）

深

❾ ―線の漢字の読み方を書きなさい。

① 深い。（　　）
② 深海。（　　）
③ 水深。（　　）
④ 深呼吸《こきゅう》。（　　）

81 式

音 シキ
訓 ―
部首 弋（しきがまえ）
意味 決まったやり方。計算のじゅんじょを表したもの。

画数 6

・筆順どおりに書きなさい。
（みぎうえに・うえにはねる）

式

❾ ―線の漢字の読み方を書きなさい。

① 式。（　　）
② 始業式。（　　）
③ 正式。（　　）
④ 式典《てん》。（　　）

82 農

音 ノウ
訓 ―
部首 辰（しんのたつ）
意味 田や畑に作物を作る。その仕事をする人。

画数 13

・筆順どおりに書きなさい。
（つきだす・はらう・はらう・わすれずに・はねる）

農

❾ ―線の漢字の読み方を書きなさい。

① 農業。（　　）
② 農園。（　　）
③ 農作物。（　　）
④ 農家。（　　）

83 酒

音 シュ
訓 さけ・さか
部首 酉（ひよみのとり）
意味 アルコール分の入った飲み物。

画数 10

・筆順どおりに書きなさい。
（わすれずに）

酒

❾ ―線の漢字の読み方を書きなさい。

① お酒。（　　）
② 洋酒。（　　）
③ 酒屋。（　　）
④ あま酒。（　　）

84 客

音 キャク・（カク）
訓 ―
部首 宀（うかんむり）
意味 買い物やまねかれて来る人。

画数 9

・筆順どおりに書きなさい。
（たてに・はらう）

客

❾ ―線の漢字の読み方を書きなさい。

① お客様。（　　）
② 観《かん》光客。（　　）
③ 客車。（　　）
④ 客船。（　　）

書いてみよう

月　日

時間 20分【はやい15分・おそい25分】
合格 20問
正答 /24問

79

① お（まつり）。
② 秋の□□□《たいいくさい》。
③ □□《さいじつ》でお休み。
④ □□□《ぜんやさい》の会場。

80

① （ふかい）谷底《たにぞこ》。
② （ふかく）考える。
③ □□《しんかい》調査船《ちょうさせん》。
④ □《しん》呼吸《こきゅう》をする。

81

① □□□《しぎょうしき》。
② 計算の□《しき》を考える。
③ □□《せいしき》に決める。
④ 今日は卒業《そつぎょう》□《しき》だ。

82

① □□《のうぎょう》。
② □□□《のうさくぶつ》の輸入《ゆにゅう》。
③ 広い□□《のうえん》。
④ □□《のうか》の庭先。

83

① お□《さけ》を飲む。
② □□《さかや》で買う。
③ □□《ようしゅ》のびん。
④ あま□《ざけ》を飲む。

84

① お□□《きゃくさま》。
② 観光《かんこう》□《きゃく》の案内《あんない》。
③ 貨車《かしゃ》と□□《きゃくしゃ》。
④ □□《きゃくせん》の旅。

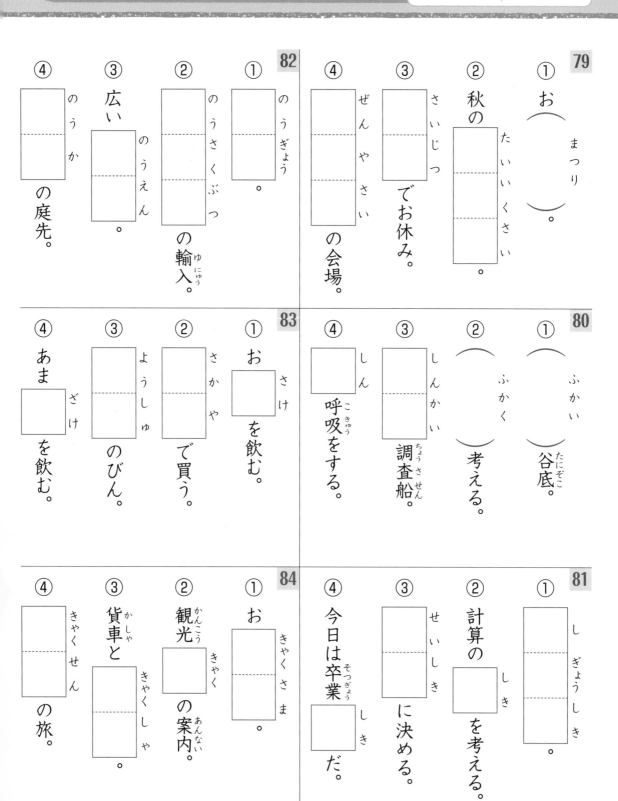

25日

復習テスト(5)　読み

月	日

時間 20分【はやい15分・おそい25分】
合格 80点（一つ5点）
得点　　点

1 ―線の漢字の読み方を書きなさい。

① みかんを箱につめて送る。

② 大事なお客様。

③ 体重が軽い。

④ 年を取る。

⑤ 深海を調べる。

⑥ 有名な旅館にとまる。

⑦ 今日は始業式だ。

⑧ 農業と工業。

③の「軽い」は反対語の「重い」とセットでおぼえよう。

2 ―線の漢字の読み方を書きなさい。

① 野球の投手になる。

② 指の血が止まらない。

③ 今日は祭日でお休みだ。

④ 悲しくて不《ふ》安になってくる。

⑤ 打楽《がっ》器《き》をたたく。

⑥ 安心して旅に出かける。

⑦ 父がお酒を飲む。

⑧ 人を助ける話に感激《げき》する。

復習テスト(5) 書き

月　日

時間 20分【はやい15分・おそい25分】
合格 80点（一つ5点）
得点　点

1 □には漢字を、（　）には漢字と送りがなを書きなさい。

① □《かんどう》的《てき》な□《たび》。

② げた□《ばこ》のそうじ当番。

③ ハワイへ□《りょこう》する。

④ □《のうか》の庭先。

⑤ （　）《ふかく》考える。

⑥ お（　）《まつり》で□《さけ》を飲む。

⑦ たなの本を（　）《とる》。

⑧ 卒業□《しき》の□《ぜんやさい》。

2 □には漢字を、（　）には漢字と送りがなを書きなさい。

① 観光《かんこう》□《きゃく》が多い。

② □《じょそう》をつける。

③ 食料《しょくりょう》を□《とうか》する。

④ ボールを（　）《なげる》。

⑤ □《しゅっけつ》に□《ひめい》をあげる。

⑥ □《はなぢ》が出る。

⑦ □《こうつうあんぜん》週間。

⑧ 学級委員に□《しめい》される。

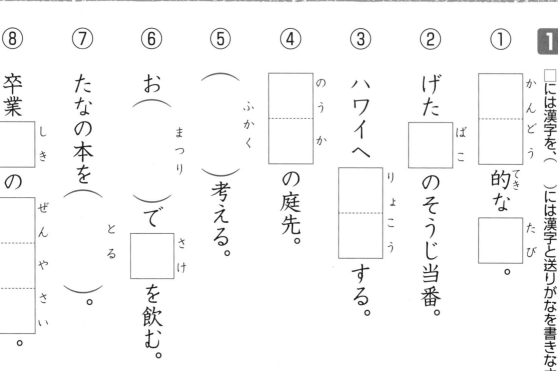

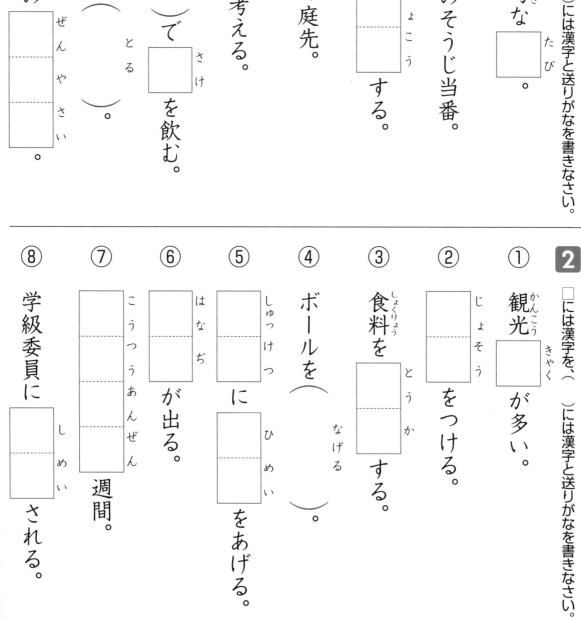

26日 福・鉄・平・帳・皿・苦

85 福

音 フク
訓 ―
部首 ネ（しめすへん）
意味 幸せ。幸い。
画数 13

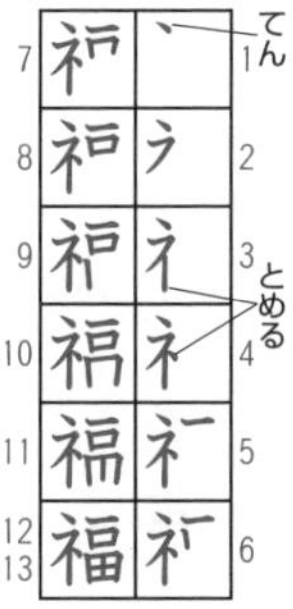

・筆順どおりに書きなさい。

福

●――線の漢字の読み方を書きなさい。

① 福引き。（　　）
② 幸福。（　　）
③ 祝《しゅく》福。（　　）
④ 福岡《おか》県《けん》。（　　）

86 鉄

音 テツ
訓 ―
部首 金（かねへん）
意味 金ぞく。かたい。強い。鉄道。
画数 13

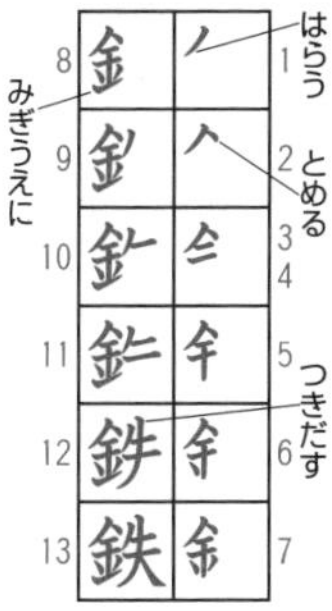

・筆順どおりに書きなさい。

鉄

●――線の漢字の読み方を書きなさい。

① 鉄ぼう。（　　）
② 鉄橋。（　　）
③ 砂《さ》鉄。（　　）
④ 地下鉄。（　　）

87 平

音 ヘイ・ビョウ
訓 たいら・ひら
部首 干（かん・いちじゅう）
意味 ひらたい。おだやか。
画数 5

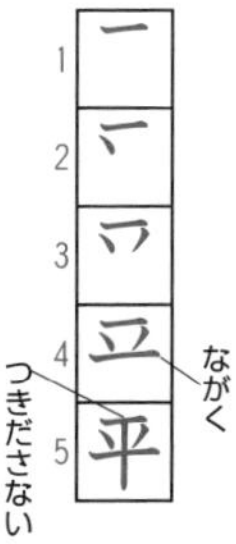

・筆順どおりに書きなさい。

平

●――線の漢字の読み方を書きなさい。

① 平ら。（　　）
② 平和。（　　）
③ 平気。（　　）
④ 平等。（　　）

88 帳

音 チョウ
訓 ―
部首 巾（はばへん・きんべん）
意味 幕《まく》。ノート。
画数 11

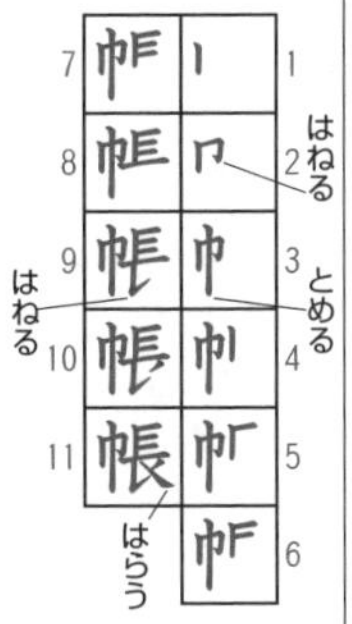

・筆順どおりに書きなさい。

帳

●――線の漢字の読み方を書きなさい。

① メモ帳。（　　）
② 手帳。（　　）
③ 日記帳。（　　）

89 皿

音 ―
訓 さら
部首 皿（さら）
意味 食べ物を入れる平たいうつわ。
画数 5

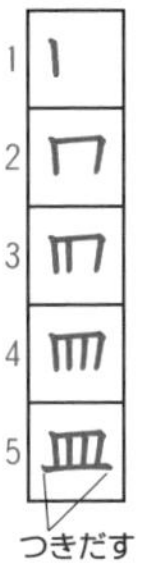

・筆順どおりに書きなさい。

皿

●――線の漢字の読み方を書きなさい。

① 皿洗《あら》い。（　　）
② スープ皿。（　　）
③ 小皿。（　　）
④ 灰《はい》皿。（　　）

90 苦

音 ク
訓 くるしい・くるしむ・くるしめる・にがい・にがる
部首 艹（くさかんむり）
意味 くるしい。にがい。
画数 8

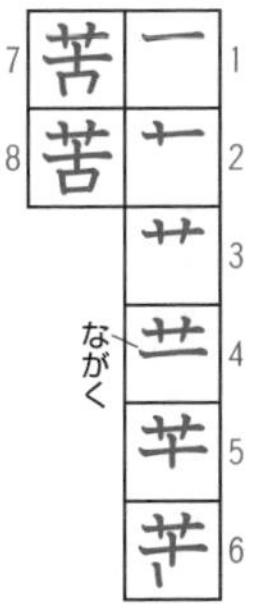

・筆順どおりに書きなさい。

苦

●――線の漢字の読み方を書きなさい。

① 苦しい。（　　）
② 苦心。（　　）
③ 苦労《ろう》。（　　）
④ 苦い。（　　）

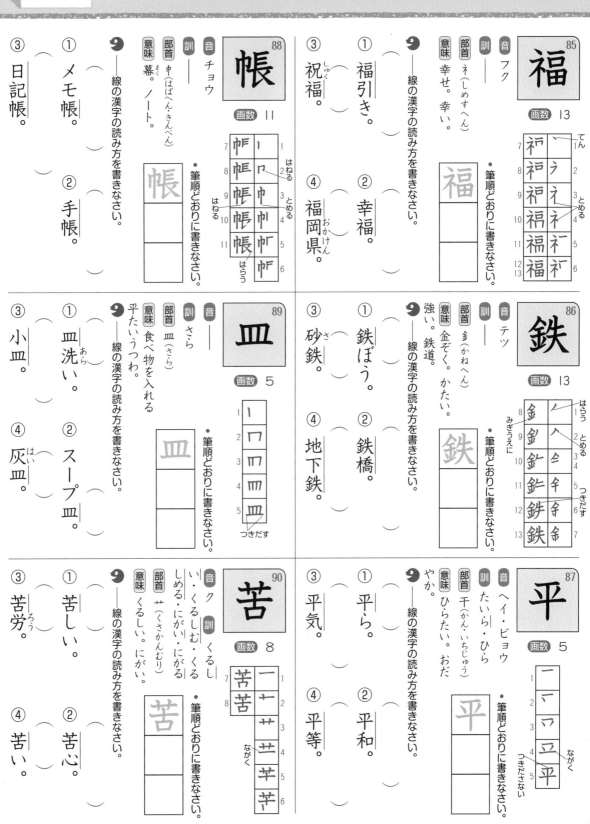

書いてみよう

月　日

時間 20分 【はやい15分・おそい25分】
合格 20問
正答　　/24問

85

① □□《こうふく》な毎日。

② （　　）《ふくびき》の景品《けいひん》。

③ おには外、□《ふく》は内。

④ 祝《しゅく》□《ふく》を受ける。

86

① □《てつ》ぼうで遊ぶ。

② 砂《さ》□《てつ》を採集《さいしゅう》する。

③ □□《てっきょう》をわたる。

④ □□□《ちかてつ》にのる。

87

① □□《へいき》な顔。

② （　　）《たいら》な地面。

③ □□《へいわ》な世界。

④ □□《びょうどう》に分ける。

88

① メモ□《ちょう》に書く。

② □□《てちょう》に書きこむ。

③ □□□《しゃせいちょう》。

④ □□□《にっきちょう》を買う。

89

① 灰《はい》□《ざら》をおく。

② おかずを□《さら》にもる。

③ スープ□《ざら》に入れる。

④ □□《こざら》を買う。

90

① （　　）《くるしい》生活。

② とても□《く》労《ろう》する。

③ □□《くしん》して作る。

④ （　　）《にがい》薬。

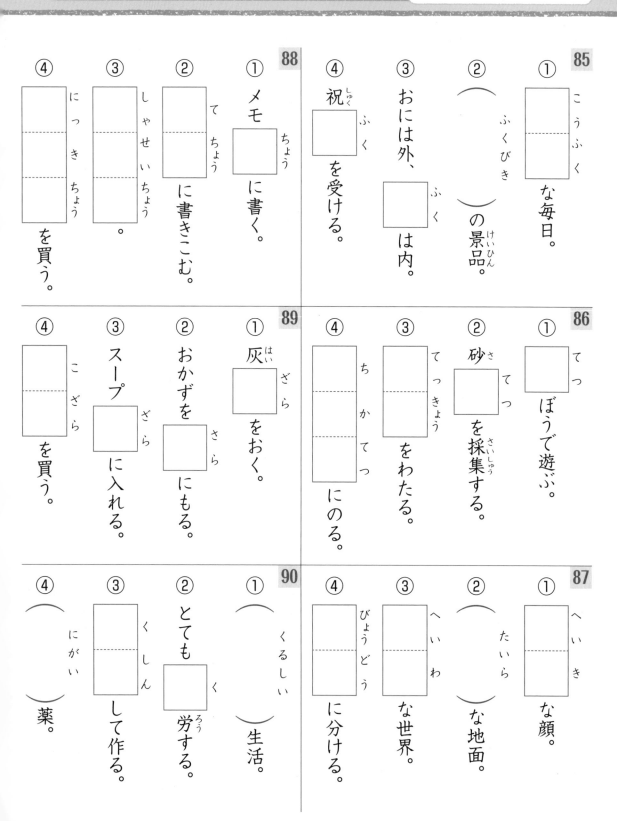

島・乗・美・真・相

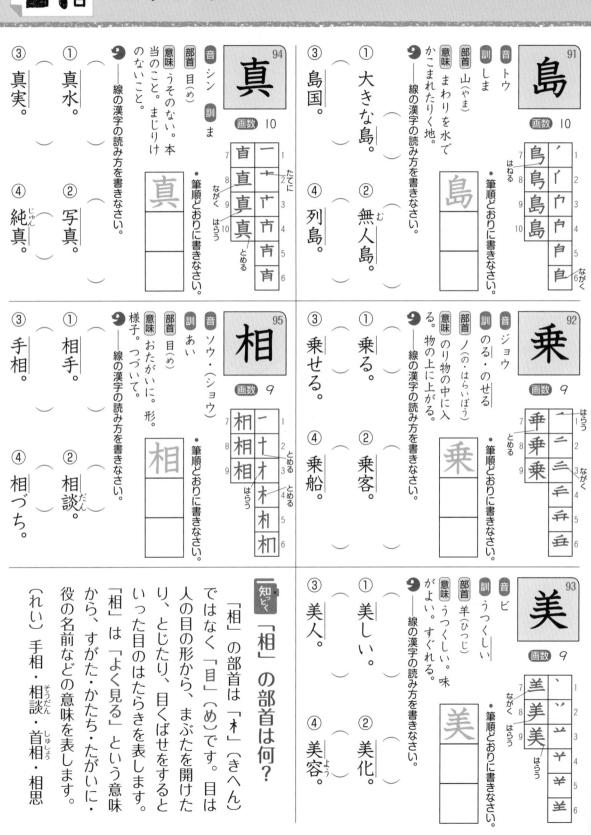

91 島

画数 10

音 トウ　訓 しま

部首 山（やま）

意味 まわりを水でかこまれたりく地。

・筆順どおりに書きなさい。（6 ながく／7 はねる）

― 線の漢字の読み方を書きなさい。

① 大きな島。（　）
② 無《む》人島。（　）
③ 島国。（　）
④ 列島。（　）

92 乗

画数 9

音 ジョウ　訓 のる・のせる

部首 ノ（の・はらいぼう）

意味 のり物の中に入る。物の上に上がる。

・筆順どおりに書きなさい。（1 はらう／3 ながく／7 とめる）

― 線の漢字の読み方を書きなさい。

① 乗る。（　）
② 乗客。（　）
③ 乗せる。（　）
④ 乗船。（　）

93 美

画数 9

音 ビ　訓 うつくしい

部首 羊（ひつじ）

意味 うつくしい。味がよい。すぐれる。

・筆順どおりに書きなさい。（7 ながく／8 はらう／9 はらう）

― 線の漢字の読み方を書きなさい。

① 美しい。（　）
② 美化。（　）
③ 美人。（　）
④ 美容《よう》。（　）

94 真

画数 10

音 シン　訓 ま

部首 目（め）

意味 うそのない。本当のこと。まじりけのないこと。

・筆順どおりに書きなさい。（2 たてに／8 ながく／9 はらう／10 とめる）

― 線の漢字の読み方を書きなさい。

① 真水。（　）
② 写真。（　）
③ 真実。（　）
④ 純《じゅん》真。（　）

95 相

画数 9

音 ソウ・（ショウ）　訓 あい

部首 目（め）

意味 おたがいに。形。様子。つづいて。

・筆順どおりに書きなさい。（2 とめる／3 はらう／4 とめる）

― 線の漢字の読み方を書きなさい。

① 相手。（　）
② 相談《だん》。（　）
③ 手相。（　）
④ 相づち。（　）

知っとく　「相」の部首は何？

「相」の部首は「木」（きへん）ではなく「目」（め）です。目は人の目の形から、まぶたを開けたり、とじたり、目くばせをするといった目のはたらきを表します。「相」は「よく見る」という意味から、すがた・かたち・たがいに・役の名前などの意味を表します。

（れい）手相・相談《そうだん》・首相《しゅしょう》・相思

書いてみよう

月　日

時間 20分 【はやい15分・おそい25分】 正答
合格 16問 ／20問

91

① 小さな□《しま》。
② 日本は□□《しまぐに》だ。
③ 無《む》□□《じんとう》に行く。
④ □□□□《にほんれっとう》。

92

① 地下鉄に（　　）《のる》。
② 馬に（　　）《のる》。
③ バスの□□《じょうきゃく》。
④ 父の□□□《じょうようしゃ》。

93

① （　　）《うつくしい》景色《けしき》。
② □《び》術館《じゅつかん》の見学。
③ □□《びか》運動を行う。
④ □□《びじん》の横顔。

94

① □□《しゃしん》をうつす。
② 海水を□□《まみず》にする。
③ □□□《まよなか》の出来事。
④ □□《しんじつ》を話す。

95

① □《あい》変《か》わらず。
② □□《あいて》が強すぎた。
③ □□《てそう》を見る。
④ □《あい》ついでたおれる。

知っとく 「美しい」ってどんな意味？

「美」の部首は「羊」（ひつじ）で、羊の角から足まで全体を表した漢字です。昔から羊を大切な家ちくとしていたことから、「美」は「うまい、色や形や音がととのってきれい」という意味を表します。

（れい）美味・美化・美技《びぎ》

28日 談・流・命・羊・想

月　日

談 96

画数 15

音 ダン

訓 ―

部首 言（ごんべん）

意味 話すこと。話。

・筆順どおりに書きなさい。

（はらう）

・——線の漢字の読み方を書きなさい。

① 相談。（　　）

② 対談。（　　）

③ 談話。（　　）

④ 雑《ざつ》談。（　　）

流 97

画数 10

音 リュウ・（ル）

訓 ながれる・ながす

部首 氵（さんずい）

意味 水がひくい方に動く。広まる。

・筆順どおりに書きなさい。

（たてに）（はらう）（とめる）（まげて、うえにはねる）

・——線の漢字の読み方を書きなさい。

① 流れる。（　　）

② 流行。（　　）

③ 上流。（　　）

④ 下流。（　　）

命 98

画数 8

音 メイ・（ミョウ）

訓 いのち

部首 口（くち）

意味 いのち。言いつける。名づける。

・筆順どおりに書きなさい。

（はらう）（はねる）

・——線の漢字の読み方を書きなさい。

① 大切な命。（　　）

② 生命。（　　）

③ 命令《れい》。（　　）

④ 命中。（　　）

羊 99

画数 6

音 ヨウ

訓 ひつじ

部首 羊（ひつじ）

意味 ひつじ。

・筆順どおりに書きなさい。

（ながく）（つきださない）

・——線の漢字の読み方を書きなさい。

① 牛と羊。（　　）

② 羊毛。（　　）

③ 羊雲。（　　）

④ 牧《ぼく》羊。（　　）

想 100

画数 13

音 ソウ・（ソ）

訓 ―

部首 心（こころ）

意味 思い。考え。

・筆順どおりに書きなさい。

（とめる）（はねる）

・——線の漢字の読み方を書きなさい。

① 感想文。（　　）

② 想像《ぞう》。（　　）

③ 空想。（　　）

④ 予想。（　　）

知っとく さかんにしゃべる？

「談」の「言」（ごんべん）は、言葉にかんする漢字につく部首ですが、「炎」はもえさかる炎《ほのお》を形どったもので、「さかんにしゃべる・話しまくる」という意味を表します。

・談笑《だんしょう》…打ちとけて、笑《わら》いなども交えて話すこと。

・座談会《ざだんかい》…数人があることがらについて自由に話し合うこと。

書いてみよう

時間 20分【はやい15分・おそい25分】
合格 16問
正答 /20問

96

① □□《そうだん》する。

② 先生との□□《めんだん》。

③ 友達《ともだち》と雑《ざつ》□《だん》する。

④ 大臣《だいじん》の□□《だんわ》。

97

① 水が（　　）《ながれる》。

② あせを（　　）《ながす》。

③ □□《りゅうこう》歌を歌う。

④ □□《じょうりゅう》の水源地《すいげんち》。

98

① 大切な□《いのち》。

② 犬に□《めい》令《れい》する。

③ □□《せいめい》を守る。

④ 球が□□《めいちゅう》する。

99

① □□《ようもう》の輸入《ゆにゅう》。

② 牛や□《ひつじ》をかう。

③ □□《ひつじぐも》が広がる。

④ 牧《ぼく》□《よう》がさかんだ。

100

① □□□《かんそうぶん》を書く。

② □《そう》像《ぞう》もできない。

③ □□《くうそう》の話。

④ □□《よそう》を立てる。

知っとく　心のはたらき

「心」のはたらきを表す部首には、「⺗」（こころ）、「忄」（りっしんべん）などがあります。その部首を持つ漢字には、いろいろな気持ちがありますね。

思う・感じる・念《ねん》じる
悲しい・忘《わす》れる・恋《こい》しい
快《こころよ》い・悔《くや》しい・惜《お》しい

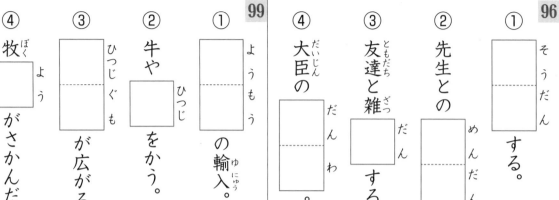

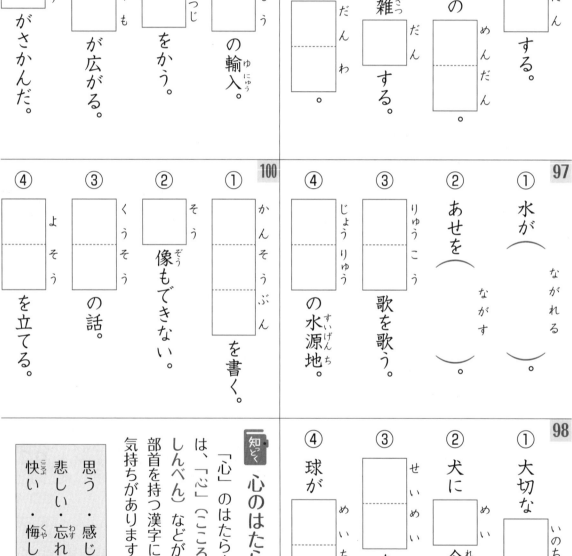

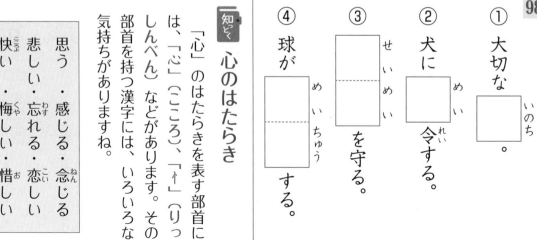

復習テスト(6) 読み

月　日

時間 20分【はやい15分・おそい25分】
合格 80点（一つ5点）
得点　点

1 ——線の漢字の読み方を書きなさい。

① 苦しい生活の相談に乗る。

② 平和な国。

③ 鉄橋をわたる。

④ 幸福な家族。

⑤ 美しい無《む》人島。

⑥ 皿の上の肉をたいらげる。

⑦ 感想を手帳に書きこむ。

⑧ 乗客の大切な生命を守る。

2 ——線の漢字の読み方を書きなさい。

① 逆《さか》上《あ》がりは苦手です。

② 流行の服を着て出かける。

③ 羊毛を輸《ゆ》入《にゅう》する。

④ 平らな地面。

⑤ 海水を真水に変《か》える。

⑥ どうか真実を話してください。

⑦ 事件《じけん》の真相をさぐる。

⑧ 学校の美化運動。

復習テスト(6)　書き

月　日

時間 20分 【はやい15分・おそい25分】
合格 80点 (一つ5点)
得点　　点

1

□には漢字を、（　）には漢字と送りがなを書きなさい。

① 大西洋の□《しま》。

② □□《ふくしま》行きの電車に（　）《のる》。

③ □□《こうふく》な毎日。

④ （　）《うつくしい》町をおとずれる。

⑤ 風が（　）《たいら》に（　）《ながれる》。

⑥ □《あい》変《か》わらずの生活。

⑦ □□《しゃしん》をうつす。

⑧ これは□《いのち》をかけた仕事だ。

2

□には漢字を、（　）には漢字と送りがなを書きなさい。

① □□《てつどう》の線路。

② 読書□□□《かんそうぶん》を書く。

③ □《ひつじ》の毛をかる。

④ メモ□《ちょう》に□□《しんそう》を書く。

⑤ （　）《にがい》薬を飲む。

⑥ □《さら》を水であらう。

⑦ □□《へいち》に雨がふる。

⑧ □□《あいて》に□□《そうだん》する。

30日 まとめテスト(3) 読み

月　日

時間 20分【はやい15分・おそい25分】

合格 80点（一つ4点）

得点　点

1 ――線の漢字の読み方を書きなさい。

① 島には幸（　）福（　）なくらしがある。

② 手（　）帳（　）に書きとめる。

③ 命（　）の大切さについて学ぶ。

④ 真（　）実（　）を話す。

⑤ 読書感（　）想（　）文を書く。

⑥ 深（　）い海にもぐる。

⑦ かれは右投（　）げ左打（　）ちだ。

⑧ 美（　）しい祭（　）りのいしょう。

2 ――線の漢字の読み方を書きなさい。

① ここが感（　）激《げき》（　）する場面だ。

② 広い農（　）園（　）と羊（　）のむれ。

③ 木に巣《す》箱（　）を取（　）りつける。

④ 悲（　）しい思い出。

⑤ 安（　）心（　）して相（　）談（　）しなさい。

⑥ お客（　）様（　）を助（　）ける。

⑦ げた箱（　）を開（　）ける。

⑧ 結《けっ》婚《こん》（　）式（　）のあと新婚旅（　）行（　）に行く。

まとめテスト(3) 書き

月　日

時間 20分 【はやい15分・おそい25分】

合格 80点 (一つ5点)

得点　点

1 □には漢字を、（　）には漢字と送りがなを書きなさい。

① 電車に（　）《のる》。

② 今年の冬に□□《りゅうひょう》を見に行く。

③ 電車が□□《てっきょう》をわたる。

④ □□《さかや》のお□《きゃく》。

⑤ 日本□□《れっとう》。

⑥ （　）《にがい》コーヒーを飲む。

⑦ 先生に□□《そうだん》する。

⑧ □《ゆび》から□《ち》が出る。

2 □には漢字を、（　）には漢字と送りがなを書きなさい。

① ボールを（　）《かるく》（　）《なげる》。

② □□《あんぜん》な場所にひなんする。

③ 船で□《たび》をする。

④ すてねこの命を（　）《たすける》。

⑤ 力いっぱいボールを（　）《うつ》。

⑥ たなの上の□《はこ》を（　）《とる》。

⑦ （　）《かなしく》思う。

⑧ おやつを□□《びょうどう》に分ける。

月　日

進級テスト(1)　読み

時間 20分【はやい15分・おそい25分】
合格 80点（一つ5点）
得点　点

1 次の――線の漢字の読み方を書きなさい。

①
㋐ 投手（　）
㋑ 投げる（　）

②
㋐ 羊毛（　）
㋑ 子羊（　）

③
㋐ 神様（　）
㋑ 神話（　）

④
㋐ 悲鳴（　）
㋑ 悲しむ（　）

2 次の上と下の漢字を組み合わせて四字の熟語《じゅくご》をつくり、その読み方を書きなさい。

交　原　自　鉄
通　始　由　道

（　）（　）（　）（　）

車　研　時　安
両　究　代　全

3 次の熟語の読み方を書きなさい。

① 野球部（　）
② 美食家（　）
③ 体育館（　）
④ 銀行員（　）
⑤ 文化祭（　）

4 次の――線の漢字の読み方を書きなさい。

① 子どもたちにおかしを配る。（　）
② さざ波が立つ。（　）
③ 帰り道でお金を拾う。（　）

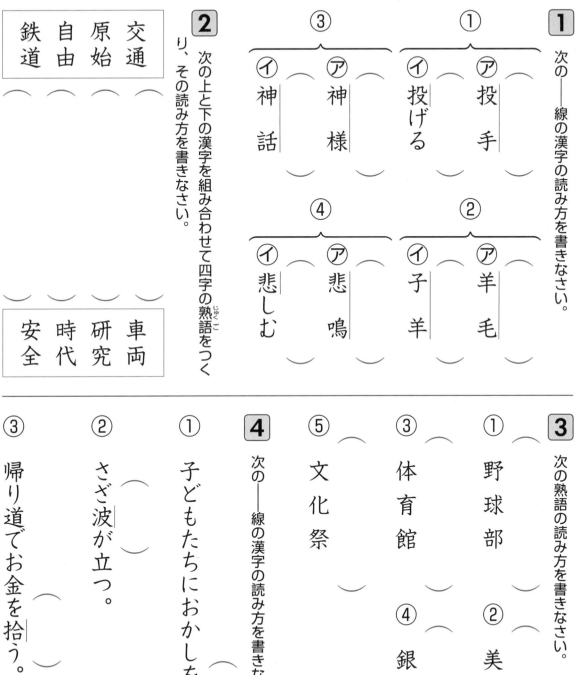

進級テスト(1) 書き

時間 20分【はやい15分・おそい25分】
合格 80点（一つ5点）
得点　　点

1 次の□に入る言葉を下からえらんで、漢字に直して書きなさい。

① □□の考え。
② □□文を書く。
③ 物語の□□人物。
④ □□をすませる。

とうじょう　しゅくだい　ひっしゃ　かんそう

2 次の漢字と反対の意味の漢字を書きなさい。

① 楽 → □
② 暑 → □
③ 始 → □
④ 重 → □
⑤ 負 → □
⑥ 生 → □

3 次の□に漢字を入れて、熟語《じゅくご》を二つずつつくりなさい。

① 和・洋 ∨ □
② 相・対 ∨ □
③ □ ∧ 山・校
④ □ ∧ 運・福

4 次の□には漢字を、（　）には漢字と送りがなを書きなさい。

① □□《しゃしん》を（　　）《うつす》。
② □□□《ゆうえんち》で（　　）《あそぶ》。
③ つめたい水を（　　）《のむ》。
④ □□《やっきょく》でほうたいを買う。

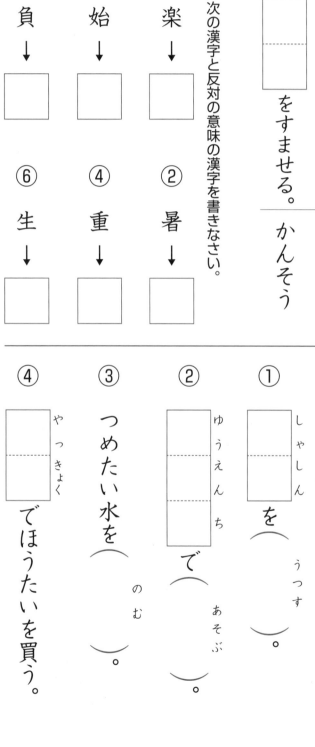

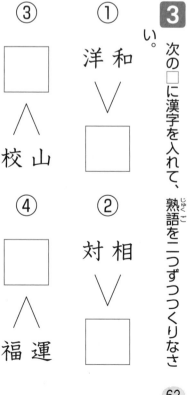

進級テスト (2) 読み

月　日

時間 20分【はやい15分・おそい25分】
合格 80点（一つ5点）
得点　点

1 次の——線の漢字の読み方を書きなさい。

① ㋐ 苦しい（　　）　㋑ 苦い（　　）

② ㋐ 幸せ（　　）　㋑ 幸い（　　）

③ ㋐ 育てる（　　）　㋑ 育む（　　）

④ ㋐ 主に（　　）　㋑ 持ち主（　　）

2 同じ音読みの漢字を——線でむすびなさい。

① 宮・　・㋐ 台

② 州・　・㋑ 急

③ 秒・　・㋒ 週

④ 第・　・㋓ 病

3 次の——線の漢字の読み方を書きなさい。

① 昭和（　　）の生まれ。

② くちびるから血（　　）が出る。

③ 十年かっていた犬が死（　　）ぬ。

④ 石炭（　　）をほる。

⑤ 父には持病（　　）がある。

⑥ 注文を追加《か》（　　）する。

⑦ ピンセットを熱《ねっ》湯（　　）で消毒《しょうどく》する。

⑧ かぜが流行（　　）する。

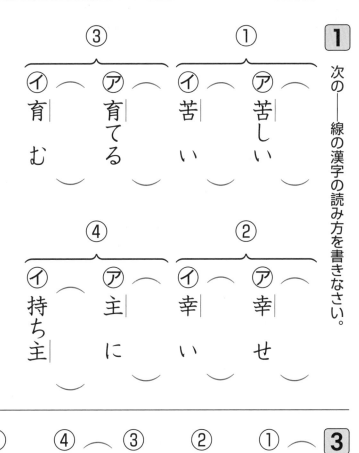

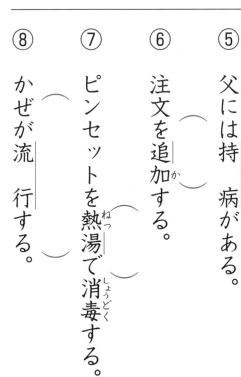

進級テスト(2)　書き

時間 20分【はやい15分・おそい25分】　得点　点
合格 80点（一つ5点）

1 （　）の意味になるように、次の言葉を漢字で書きなさい。

① きゅうそく　（すばやい）□□ー（やすむ）□□

② かいてん　（みせびらき）□□ー（まわる）□□

③ いいん　（病気で行く）□□ー（係の人）□□

2 次の□に漢字を書きなさい。

① □□《ふでばこ》

② れんらく□《ちょう》

③ たて□《ぶえ》

④ 体操《たいそう》□《ふく》

⑤ □□《すいえい》帽《ぼう》

3 次の□には漢字を、（　）には漢字と送りがなを書きなさい。

① 大きく□《さま》がわりする。

② 兄は□□《せかい》を□《たび》している。

③ □□《ゆうめい》な絵画。

④ （　）《かち》気なせいかく。

⑤ 脱《だっ》□《ぴ》をくり返す。

⑥ 虫を□《ゆび》でつまむ。

⑦ □□《たこく》の首相をむかえる。

⑧ 日本は□□《しまぐに》だ。

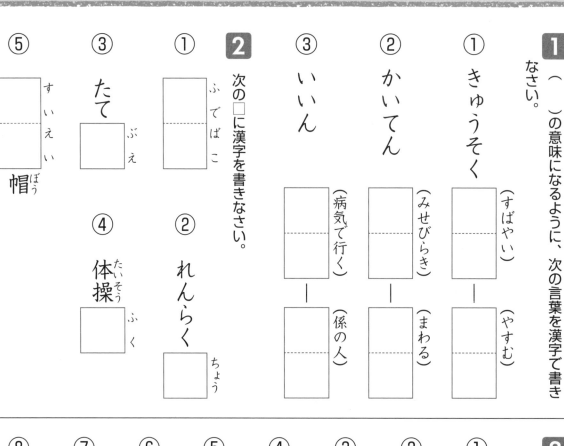

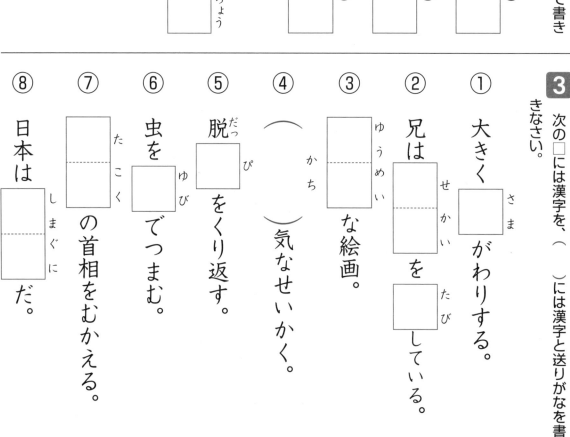

進級テスト(3) 読み

月　日

時間 20分 [はやい15分・おそい25分]
合格 80点 (一つ5点)
得点　点

1 次の――線の漢字の読み方を書きなさい。

①
㋐ 酒屋（　）
㋑ 洋酒（　）
㋒ あま酒（　）

②
㋐ 平屋（　）
㋑ 公平（　）
㋒ 平等（　）

2 次の中から、漢字の上下を反対にしても熟語《じゅくご》ができるものを四つ選び、その読み方を書きなさい。

配分	路線	鼻血	命運
名曲	方向	番号	行列

（　）（　）
（　）（　）

3 次の――線の漢字の読み方を書きなさい。

① プールで泳（　）ぐ。
② 海（　）岸（　）でつり糸をたれる。
③ 薬（　）を受（　）け取る。
④ 今年の福（　）男（　）が豆をまく。
⑤ 農（　）業（　）のにない手が少ない。
⑥ 由（　）来（　）をたずねる。
⑦ 洋（　）風（　）の軽い食（　）事（　）をする。
⑧ 牛肉を油（　）でいためる。

進級テスト(3) 書き

時間 20分 【はやい15分・おそい25分】　得点　点
合格 80点 （一つ5点）

1 次の□にあてはまる漢字を書きなさい。

① ㋐ 体の□《けっ》行がよい。
　 ㋑ 計画を□《けっ》行する。

② ㋐ 文章を□《いん》用する。
　 ㋑ □《いん》用水を用意する。

③ ㋐ □《し》者をとむらう。
　 ㋑ □《し》者をさし向ける。

④ ㋐ ケーキを□《とう》分する。
　 ㋑ □《とう》分の間。

2 次の□には漢字を、（　）には漢字と送りがなを書きなさい。

① □《まめ》を（　）《やすく》買う。

② □□《しゅうてん》の□《えき》に着く。

③ □□《じつりょく》をためす。

④ □□《すいしん》十メートルで（　）《およぐ》。

⑤ 乳《にゅう》□《し》がぬける。

⑥ （　）《まつり》でおどる。

⑦ ホームランを（　）《うつ》。

⑧ □□《たびさき》で何かが（　）《おこる》。

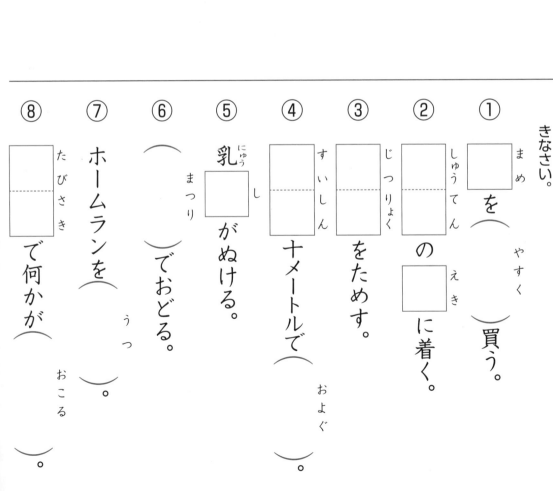

進級テスト(4) 読み

時間 20分【はやい15分・おそい25分】　合格 80点（一つ5点）　得点　点

1 次の――線の漢字の読み方を書きなさい。

①
㋐ 相手（　　）
㋑ 手相（　　）

②
㋐ 短気（　　）
㋑ 手短に（　　）

③
㋐ 登山（　　）
㋑ 山登り（　　）

④
㋐ 助手（　　）
㋑ 手助け（　　）

⑤
㋐ 乗船（　　）
㋑ 船乗り（　　）

⑥
㋐ 指名（　　）
㋑ 名指し（　　）

2 次の――線の漢字の読み方を書きなさい。

① 息（　　）が切れる。
② 遠くで汽笛（　　）が聞こえる。
③ 住所（　　）をはがきに書く。
④ わたしとあなたは他人（　　）だ。
⑤ 無《む》人島（　　）に流れ着く。
⑥ 寒風（　　）がふきすさぶ。
⑦ 有り金（　　）をはたいて買う。
⑧ 命（　　）をかける。

進級テスト(4) 書き

月　日

時間 20分【はやい15分・おそい25分】

合格 80点（一つ5点）

得点　　点

1 次の㋐・㋑に形のにた漢字を書きなさい。

① ㋐ お□《きゃく》様をむかえる。
　 ㋑ お□《みや》まいり。

② ㋐ □《おん》声がとぎれる。
　 ㋑ □《むかし》話をする。

③ ㋐ □《すみ》火でやく。
　 ㋑ 川□《ぎし》に船をつける。

④ ㋐ 家□《ぞく》でくつろぐ。
　 ㋑ □《りょ》行に出かける。

2 次の□には漢字を、（　）には漢字と送りがなを書きなさい。

① （　）《すまい》を（　）《さだめる》。

② 役人の集まる□《やかた》。

③ やかんの口から□□《ゆげ》が出る。

④ □《やど》を（　）《もうし》こむ。

⑤ おかずを□《さら》にもる。

⑥ 必《ひっ》□《し》であとを（　）《おう》。

⑦ □□《でんぱ》を受信《じゅしん》する。

⑧ □□《しんぶん》の□《しゅ》材《ざい》を受ける。

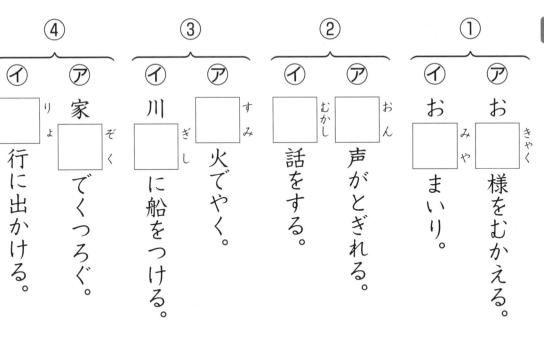

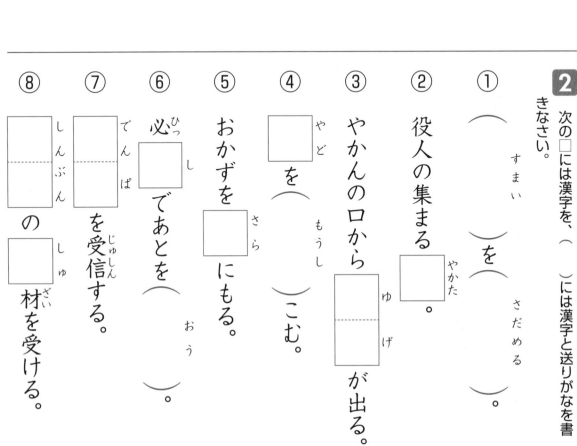

月　日

時間 20分
【はやい15分・おそい25分】
合格 80点
（一つ5点）
得点
点

進級テスト (5)

読み

1 □が同じ読み方の言葉を――線でむすびなさい。

① 真に受ける ・　　・ ㋐ 花がさく
② 歯をみがく ・　　・ ㋑ 身につく
③ 鼻をかむ ・　　・ ㋒ 間が持つ
④ 木の実 ・　　・ ㋓ 葉が落ちる
⑤ 皮をむく ・　　・ ㋔ 川をわたる

2 次の――線の漢字の読み方を書きなさい。

①
㋐ 始まる（　　）
㋑ 深まる（　　）
㋒ 決まる（　　）

②
㋐ 整える（　　）
㋑ 終える（　　）
㋒ 代える（　　）

3 次の――線の漢字の読み方を書きなさい。

① 起立（　　）してあいさつする。
② 軽快《かい》（　　）な音楽。
③ この近くで今夜の宿（　　）をさがす。
④ 勝算（　　）がある。
⑤ 打球（　　）がのびる。
⑥ 坂道（　　）をボールが転（　　）がる。
⑦ こづかいが倍（　　）にふえる。
⑧ お世話になったお礼（　　）をする。

進級テスト（5）書き

時間 20分【はやい15分・おそい25分】
合格 80点（一つ5点）
得点　　点

1 次の漢字とそれぞれの部首を組み合わせてできる漢字を書きなさい。

① 相　㋐ ⺮ □　㋑ 心 □

② 由　㋐ ⺮ □　㋑ 氵 □

③ 主　㋐ 亻 □　㋑ 氵 □

2 次の言葉を漢字と送りがなで書きなさい。

① うつくしい（　　）

② かるい（　　）

③ ひとしい（　　）

④ さむい（　　）

3 次の□には漢字を、（　）には漢字と送りがなを書きなさい。

① （　　）《たいら》にならす。

② □□《にもつ》を（　　）《もつ》。

③ □□《くしん》して□□《ようい》する。

④ □□《いえじ》を急ぐ。

⑤ □□□《しゅじんこう》の名前。

⑥ □□《じんじゃ》のけいだいで遊ぶ。

⑦ 当番を□□《こうたい》する。

⑧ 水がいきおいよく（　　）《ながれる》。

答え

漢字8級

1ページ

1 ①でんちゅう ②しんりょく
③こんき・すす ④すべ・さぎょう
⑤さだ ⑥み ⑦けんがい ⑧あたた

2 ①け・くら ②あ ③ほどうきょう
④じゅ ⑤よ ⑥そ ⑦お
⑧きもの・み

2ページ

1 ①勉強 ②速い ③予定・重なる
④港・向かう ⑤氷 ⑥人気者 ⑦大豆
⑧身長

2 ①一着 ②全国 ③今度・君
④詩・味わう ⑤消える ⑥次回
⑦暗号 ⑧柱

3ページ

1 ①あくにん ②ば ③ちく・ひょう
④えき・つ ⑤しょうか ⑥ね ⑦あつ
⑧そそ

2 ①ちょう ②しょくぶつ・ね
③いちれつ ④にもつ・はこ
⑤きたい ⑥と ⑦はごいた ⑧ほう

4ページ

1 ①文化 ②開く ③物理・問題
④習う ⑤都市 ⑥品切れ ⑦運
⑧野球・負ける

2 ①病院 ②開花 ③二階・集合
④都・去る ⑤仕える ⑥受ける
⑦守る ⑧横

5ページ

1 ①つごう・わる ②おくじょう・う
③たま ④あじ・じゅうてん ⑤せい
⑥ぶんしょう・あらわ ⑦ちょうし
⑧はん

2 ①はな ②ぶ ③きょねん ④けい
⑤どうわ ⑥ま ⑦こうてい
⑧ひょう

6ページ

1 ①中央・集まる ②黒板 ③暑中
④全く ⑤表 ⑥落葉 ⑦地面
⑧横・動かす

2 ①定・使う ②向いた・仕事 ③田畑
④返事 ⑤役目 ⑥豆 ⑦空港 ⑧世話

7ページ

1 ①きんじょ ②きゅうそく・しんぽ
③つぎ・はっけん ④さくしゃ
⑤ほうそうきょく ⑥たい ⑦きおん
⑧おく

2 ①はし ②いみ・しら ③や
④がっきゅういいん ⑤ししゅう・かえ
⑥ぐ ⑦てんし ⑧ほうこう

8ページ

1 ①庫 ②毎週・湖 ③重い ④緑・葉
⑤練習 ⑥係 ⑦商品 ⑧放送

2 ①自動車・研究 ②注意 ③所
④向こう ⑤陽気 ⑥畑
⑦一丁目・急ぐ ⑧庭

9ページ

1 ①りょうて ②りょうほう ③にりょう
④りょうしん

2 ①し ②せいし ③しかざん ④し

3 ①ふで ②ぴつ ③ふで
④まんねんひつ

4 ①おうさま ②さま ③よう ④ようす

5 ①やどや ②がっしゅく ③あまやど
④しゅくだい

6 ①かみ ②かみ ③しんわ ④じんじゃ

10ページ

1 ①両方 ②両手 ③二両 ④両親
2 ①死ぬ ②死火山 ③死 ④生死
3 ①筆 ②筆 ③筆 ④万年筆
4 ①女王様 ②様 ③様 ④様子
5 ①雨宿り ②宿題 ③合宿 ④宿屋
6 ①神 ②神社 ③神話 ④神

チェックポイント 「様」は筆順に注意します。十画目はまっすぐ下ろしてはねます。

11ページ

7 ①しんぱい ②はい ③くば ④てはい
8 ①ころ ②てんこう ③かいてん ④うんてん
9 ①いしゃさま ②いいん ③いがく
10 ①さかみち ②ざか ③さか
11 ①やっきょく ②やくひん ③くすり ④くすりや
12 ①ゆ ②とう ③とう

12ページ

7 ①手配 ②心配 ③新聞配 ④配る
8 ①転げ ②転がる ③転校 ④運転
9 ①医 ②医院 ③医学 ④医者
10 ①坂道 ②坂 ③坂 ④坂
11 ①薬 ②薬屋 ③薬品 ④薬局
12 ①湯 ②湯 ③湯 ④湯

チェックポイント 「配」は六画目を書き忘れていないか注意します。

13ページ

1 ①りょうほう ②し ③しんわ ④ふで ⑤かみさま・おうさま ⑥しかざん ⑦じんじゃ・あまやど ⑧ぴっ
2 ①とう ②ぐすり・ゆ ③ようす ④やっきょく ⑤さかみち ⑥いしゃさま ⑦さか・ころ ⑧くば

14ページ

1 ①毛筆 ②両手 ③王様・死んだ ④宿題 ⑤両親 ⑥筆 ⑦配る ⑧神様
2 ①薬品 ②宿屋 ③心配 ④運転 ⑤死・医学 ⑥湯 ⑦薬局・薬 ⑧坂道・転ぶ

15ページ

13 ①たにん ②た(ほか) ③ほか(た) ④たごん
14 ①れい ②れいもの ③ちょうれい ④れい
15 ①およ ②およ ③すいえい ④えい
16 ①ひろ ②びろ ③ひろ
17 ①きゅうしゅう ②しゅう ③ほんしゅう ④しゅう
18 ①お ②しゅうてん ③しゅうぎょう ④お

16ページ

13 ①他人 ②他言 ③他 ④他
14 ①礼 ②礼 ③朝礼 ④礼
15 ①泳ぎ ②水泳 ③泳ぐ ④泳
16 ①拾う ②拾う ③拾い ④拾い
17 ①州 ②州 ③九州地方 ④本州
18 ①終わる ②終える ③終業 ④終点

チェックポイント 「泳」を、「泳」と書いていないか、気をつけます。最初にまちがって覚えると、なかなか改められないものです。

17ページ

19 ①むかし ②おおむかし ③むかしばなし
20 ①おおなみこなみ ②でんぱ ③ぱ
21 ①かいがん ②たいがん ③かわぎし ④きし
22 ①か ②しょう ③か ④しょうぶ
23 ①しょうわ ②しょうわ ③しょうわ
24 ①わ ②わしょく ③わ ④わしつ

18ページ

19 ①昔話 ②昔 ③大昔 ④一昔
20 ①波 ②電波 ③波 ④波

答え

21 ①海岸 ②川岸 ③対岸 ④岸
22 ①勝つ ②勝 ③勝ち ④勝負
23 ①昭和 ②昭和 ③昭和 ④昭和
24 ①和 ②和 ③和室 ④和食

19ページ

25 ①ゆうめい ②ゆう ③あ ④しょゆう
26 ①じだい ②か ③だいひょう
27 ①いき ②きゅうそく ③いき ④しゅうそく
28 ①ぬし ②しゅじん ③おも ④しゅしょく
29 ①ふく ②わふく ③いっぷく ④ふく
30 ①みじか ②たんしょ ③たんか ④たんき

20ページ

25 ①有名 ②有り ③有 ④所有
26 ①代わり ②少年時代 ③代金 ④代表
27 ①息 ②休息 ③息 ④終息
28 ①主 ②主人 ③主 ④主食
29 ①服 ②和服 ③一服 ④服
30 ①短い ②短所 ③短気 ④短い

チェックポイント 「有」は筆順に注意します。二画目は長く書きます。「右」と同様に一画目は左にはらいます。

21ページ

1 ①ひろ ②れい ③およ ④たにん ⑤きゅうしゅう・むかし ⑥すいえい ⑦しゅうぎょう ⑧しょうわ・お
2 ①しゅじん・ふく ②か ③みじか ④わしょく ⑤ゆうめい ⑥じだい ⑦なみ・きし ⑧いき

22ページ

1 ①終業 ②他 ③代わり・礼 ④水泳 ⑤朝礼・終わる ⑥九州・波 ⑦大昔 ⑧拾う
2 ①代表 ②主 ③有力 ④短い ⑤有名・海岸 ⑥息 ⑦和服 ⑧勝負

23ページ

1 ①しゅじん ②か・くすり ③いき ④たにん ⑤わふく・だいきん ⑥なみ・きし ⑦ゆうめい ⑧ぬし
2 ①むかし ②くば・しゅくだい ③みじか ④もうひつ ⑤いいん ⑥しんぱい ⑦りょうほう ⑧しょう

24ページ

1 ①神 ②終わる ③有る ④代表 ⑤休息 ⑥短い ⑦服 ⑧主
2 ①他人 ②坂道・転がる ③九州・湯 ④水泳・勝 ⑤拾い・礼 ⑥川岸 ⑦電波 ⑧大昔

25ページ

31 ①はな ②はなうた ③はな ④はないき
32 ①お ②ついほう ③つい ④つい
33 ①お ②お ③きりつ ④きてん
34 ①ぎん ②ぎんがみ ③ぎんいろ ④ぎんこう
35 ①せかい ②かい ③げかい ④かい
36 ①ようふく ②せいよう ③よう ④とうよう

26ページ

31 ①鼻 ②鼻歌 ③鼻 ④鼻息
32 ①追う ②追放 ③追 ④追
33 ①起きる ②起こる ③起立 ④起点
34 ①銀 ②銀紙 ③銀色 ④銀行
35 ①世界 ②界 ③下界 ④界
36 ①洋服 ②洋 ③西洋人形 ④東洋

27ページ

37 ①さむ ②かんぱ ③かんそん
38 ①じゆう ②りゆう ③ゆらい
39 ①はじ ②しはつ ③しぎょう ④かいし
40 ①いっとう ②ひと ③じょうとう ④こうとう

41 ①あそ ②ゆうえんち ③ゆうほどう
42 ①き ②けっしん ③けっしょう
④けってい

チェックポイント 「寒」を覚えるときに、前にでてきた「暑」を復習します。「寒・暑」と反対の意味の漢字をひとまとめにするとよく理解ができて、覚えやすくなります。

28ページ

37 ①寒い ②寒波 ③寒村 ④寒さ
38 ①自由 ②理由 ③由来 ④由
39 ①始まる ②始める ③始業 ④開始
40 ①上等 ②一等 ③等しい ④高等学校
41 ①遊び ②遊ぶ ③遊園地 ④遊歩道
42 ①決心 ②決める ③決勝 ④決定

29ページ

43 ①み ②みの ③じつぶつ
④じつりょく
44 ①せいり ②せいれつ ③ととの
④ちょうせい
45 ①あぶら ②あぶらえ ③せきゆ
④ゆでん
46 ①ま ②めいきょく ③こうしんきょく
47 ①だいいちがくねん ②らくだい
③だいさんしゃ

48 ①やきゅうぶ ②ぜんぶ ③ぶひん

30ページ

43 ①実 ②実る ③実物 ④実力
44 ①整理 ②整える ③調整 ④整列
45 ①油 ②石油 ③油田 ④油絵
46 ①曲がる ②名曲 ③行進曲 ④曲線
47 ①第一回 ②落第 ③第一学年
④第三者
48 ①野球部 ②部品 ③全部 ④本部

チェックポイント 「油」の右側の「由」は「田」にならないように注意します。

31ページ

1 ①だい ②さむ・かんてん ③はじ
④ぜんぶ ⑤ゆうえんち・あそ
⑥ととの ⑦こうしんきょく ⑧みの
2 ①いっとう・き ②はなうた ③つい
④じゆう・あそ ⑤お ⑥ようふく
⑦せかいいち ⑧ぎんこう

32ページ

1 ①銀・等しく ②石油 ③洋 ④起きる
⑤曲がる ⑥追い ⑦鼻 ⑧野球部
2 ①実・実る ②油 ③寒い ④自由
⑤始業・始まる ⑥決心
⑦遊園地・遊ぶ ⑧一等

33ページ

49 ①すみび ②せきたん ③たん
④もくたん
50 ①は ②し ③はいしゃ ④むしば
51 ①のぼ ②とうこう ③とざん
④とうじょう
52 ①うつ ②しゃせい ③しゃ
④しょしゃ
53 ①ふえ ②きてき ③くちぶえ ④てき
54 ①みや ②おうきゅう ③きゅう
④みやだいく

34ページ

49 ①炭 ②石炭 ③炭 ④木炭
50 ①歯 ②歯医者 ③虫歯 ④歯科医院
51 ①登る ②登校 ③登山 ④登る
52 ①写る ②写す ③写生 ④書写
53 ①笛 ②汽笛 ③口笛 ④笛
54 ①宮 ②王宮 ③宮 ④宮

チェックポイント 「写」は「冖（わかんむり）」です。「宀（うかんむり）」になっていないか気をつけます。

35ページ

55 ①じゅうびょう ②びょうよ
③びょうそく ④まいびょう

56 ①どうろ ②しんろ ③いえじ
④ろせん
57 ①きも ②も ③じ ④かねも
58 ①たいいく ②そだ ③はぐく
④きょういく
59 ①たいいくかん ②かん ③やかた
④としょかん
60 ①かぞく ②いちぞく ③ぞく
④すいぞくかん

36ページ

55 ①十秒 ②秒速 ③秒読み ④毎秒
56 ①道路 ②進路 ③空路 ④家路
57 ①気持ち ②持つ ③持ち場 ④所持
58 ①体育 ②育つ ③発育 ④育む
59 ①館 ②館 ③画館 ④図書館
60 ①家族 ②一族 ③族 ④水族館

チェックポイント 「持」の「てへん」の二画目は上に突き抜けます。また、よく似た漢字「待」と書きまちがえないようにします。

37ページ

61 ①もう ②もう ③もう
62 ①しあわ ②こう ③こう ④さいわ
63 ①す ②じゅうしょ ③じゅう ④す
64 ①ばい ②にばい ③ひといちばい

65 ①かわ ②ひ ③けがわ ④かわ
66 ①の ②いん ③の ④いんしょく

38ページ

61 ①申し ②申し分 ③申し ④申し
62 ①幸せ ②幸 ③幸 ④幸い
63 ①住む ②住み ③住所 ④住
64 ①二倍 ②人一倍 ③二倍 ④百倍
65 ①皮 ②皮 ③毛皮 ④皮
66 ①飲む ②飲 ③飲む ④飲食店

チェックポイント 「住・注・柱」「待・持」など字形や読みのよく似た漢字は、特にそのちがいに気をつけて覚えます。

39ページ

1 ①しんろ ②しゃせい ③とざん
④すみび ⑤しか ⑥きゅう ⑦きてき
⑧すいぞくかん・そだ

2 ①こう・はぐく ②いんしょくてん
③す・もう ④ひ ⑤しあわ・きも
⑥たいいくかん ⑦にばい ⑧びょうよ

40ページ

1 ①幸せ・育つ ②住む ③飲・飲む
④六十秒 ⑤倍 ⑥皮 ⑦申し ⑧持つ

2 ①宮・登る ②館 ③家族 ④歯 ⑤炭
⑥写す ⑦道路・笛 ⑧登場人物

41ページ

1 ①すみび ②ようふく ③かわ
④しか・じゅうしょ ⑤さむ・ぎんこう
⑥けっしょう・はじ ⑦くちぶえ
⑧つい

2 ①ま・いえじ ②へや・せいり
③ゆうえんち・あそ
④いんしょくてん・にばい
⑤たいいくかん・どうろ ⑥しゃせい
⑦だい ⑧みや・み

42ページ

1 ①銀行員 ②追い ③世界一・登る
④石炭・石油 ⑤気持ち ⑥高等・登校
⑦決心 ⑧道路・起きる

2 ①宮・由来 ②水族館 ③鼻・西洋人
④整った ⑤始業・始まる
⑥有名・作曲家 ⑦写・写す ⑧部

43ページ

67 ①ゆびき ②してい ③さ ④ゆびさき
68 ①かんしん ②どうかん ③かんど
④かん
69 ①と ②しゅ ③と ④しゅ
70 ①ばこ ②せきばこ ③はこ
71 ①たび ②りょこう ③りょかん
④たびびと

72 ①かる ②けい ③かるいし
④けいしょく

44ページ

67 ①親指 ②指切り ③指定 ④指
68 ①感心 ②感度 ③同感 ④感
69 ①取る ②取る ③取る ④先取
70 ①石箱 ②箱 ③箱 ④薬箱
71 ①旅 ②旅行 ③旅館 ④旅人
72 ①軽い ②軽 ③軽く ④軽油

チェックポイント 「感」は九画目の点を忘れないようにします。

45ページ

73 ①たす ②じょ ③じょしゅ
④じょそう
74 ①な ②とうしゅ ③とうか ④とう
75 ①かな ②ひめい ③ひ ④ひ
76 ①う ②だきゅう ③だりょく ④だ
77 ①あんしん ②やす ③あんぜん
④あん
78 ①ち ②けつ ③はなぢ ④しゅっけつ

46ページ

73 ①助ける ②助手 ③助走 ④助
74 ①投げる ②投手 ③投下 ④投げ
75 ①悲しい ②悲鳴 ③悲しむ ④悲
76 ①打つ ②打ち ③打球 ④打
77 ①安心 ②安く ③安全 ④安
78 ①血 ②鼻血 ③血 ④出血

チェックポイント 「助」は右側の「力」を「刀」と書きまちがえないようにします。「悲」は書き順に注意します。

47ページ

79 ①まつ ②たいいくさい ③さいじつ
④ぜんやさい
80 ①ふか ②しんかい ③すいしん
④しん
81 ①しき ②しぎょうしき ③せいしき
④しき
82 ①のうぎょう ②のうえん
③のうさくぶつ（のうさくもつ）
④のうか
83 ①さけ ②ようしゅ ③さかや ④ざけ
84 ①きゃくさま ②こうきゃく
③きゃくしゃ ④きゃくせん

48ページ

79 ①祭り ②体育祭 ③祭日 ④前夜祭
80 ①深い ②深く ③深海 ④深
81 ①始業式 ②式 ③正式 ④式
82 ①農業 ②農作物 ③農園 ④農家
83 ①酒 ②酒屋 ③洋酒 ④酒
84 ①客様 ②客 ③客車 ④客船

チェックポイント 「祭」は四画目の点、「式」は六画目の点を忘れないようにします。「酒」は九画目を書き忘れないようにします。

49ページ

1 ①はこ ②きゃくさま ③かる ④と
⑤しんかい ⑥りょかん
⑦しぎょうしき ⑧のうぎょう
2 ①とうしゅ ②ゆび・ち ③さいじつ
④かな・あん ⑤だ ⑥あんしん・たび
⑦さけ ⑧たす・かん

50ページ

1 ①感動・旅 ②箱 ③旅行 ④農家
⑤深く ⑥祭り・酒 ⑦取る
⑧式・前夜祭
2 ①客 ②助走 ③投下 ④投げる
⑤出血・悲鳴 ⑥鼻血 ⑦交通安全
⑧指名

51ページ

85 ①ふくび ②こうふく ③ふく ④ふく
86 ①てつ ②てっきょう ③てつ
④ちかてつ
87 ①たい ②へいわ ③へいき

④びょうどう

88 ①ちょう ②てちょう ③にっきちょう

89 ①さら ②ざら ③こざら ④ざら

90 ①くる ②くしん ③く ④にが

52ページ

85 ①幸福 ②福引き ③福 ④福

86 ①鉄 ②鉄 ③鉄橋 ④地下鉄

87 ①平気 ②平ら ③平和 ④平等

88 ①帳 ②手帳 ③写生帳 ④日記帳

89 ①皿 ②皿 ③皿 ④小皿

90 ①苦しい ②苦 ③苦心 ④苦い

53ページ

91 ①しま ②じんとう ③しまぐに ④れっとう

92 ①の ②じょうきゃく ③の ④じょうせん

93 ①うつく ②びか ③びじん ④び

94 ①まみず ②しゃしん ③しんじつ ④しん

95 ①あいて ②そう ③てそう ④あい

54ページ

91 ①島 ②島国 ③人島 ④日本列島

92 ①乗る ②乗る ③乗客 ④乗用車

93 ①美しい ②美 ③美化 ④美人

94 ①写真 ②真水 ③真夜中 ④真実

95 ①相 ②相手 ③手相 ④相

チェックポイント 「島」は「鳥」と書きまちがえないようにします。「真」は八画目を長く書きます。

55ページ

96 ①そうだん ②たいだん ③だんわ ④だん

97 ①なが ②りゅうこう ③じょうりゅう ④かりゅう

98 ①いのち ②せいめい ③めい ④めいちゅう

99 ①ひつじ ②ようもう ③ひつじぐも ④よう

100 ①かんそうぶん ②そう ③くうそう ④よそう

56ページ

96 ①相談 ②面談 ③談 ④談話

97 ①流れる ②流す ③流行 ④上流

98 ①命 ②命 ③生命 ④命中

99 ①羊毛 ②羊 ③羊雲 ④羊

100 ①感想文 ②想 ③空想 ④予想

チェックポイント 「流」は形のとりにくい漢字です。特に八～十画目を注意して書きます。

57ページ

1 ①くる・そうだん ②へいわ ③てっきょう ④こうふく ⑤うつく・じんとう ⑥さら ⑦かんそう・てちょう ⑧じょうきゃく・せいめい

2 ①にがて ②りゅうこう ③ようもう ④たい ⑤まみず ⑥しんじつ ⑦しんそう ⑧びか

58ページ

1 ①島 ②福島・乗る ③幸福 ④美しい ⑤平ら・流れる ⑥相 ⑦写真 ⑧命

2 ①鉄道 ②感想文 ③羊 ④帳・真相 ⑤苦い ⑥皿 ⑦平地 ⑧相手・相談

59ページ

1 ①しま・こうふく ②てちょう ③いのち ④しんじつ ⑤かんそうぶん ⑥ふか ⑦な・う ⑧うつく・まつ

2 ①かん ②のうえん・ひつじ ③ばこ・と ④かな ⑤あんしん・そうだん ⑥きゃくさま・たす ⑦ばこ・あ ⑧しき・りょこう

60ページ

1 ①乗る ②流氷 ③鉄橋 ④酒屋・客 ⑤列島 ⑥苦い ⑦相談 ⑧指・血

2 ①軽く・投げる ②安全 ③旅 ④助ける ⑤打つ ⑥箱・取る ⑦悲しく ⑧平等

61ページ

1 ①㋐とうしゅ ㋑な ②㋐ようもう ㋑こひつじ ③㋐かみさま ㋑しんわ ④㋐ひめい ㋑かな

2 こうつうあんぜん げんしじだい じゅうけんきゅう てつどうしゃりょう（順不同）

3 ①やきゅうぶ ②びしょくか ③たいいくかん ④ぎんこういん ⑤ぶんかさい

4 ①くば ②なみ ③ひろ

62ページ

1 ①筆者 ②感想 ③登場 ④宿題

2 ①苦 ②寒 ③終 ④軽 ⑤勝 ⑥死

3 ①式（風・室・食 など） ②談 ③登 ④幸

4 ①写真・写す ②遊園地・遊ぶ ③飲む ④薬局

63ページ

1 ①㋐くる ㋑にが ②㋐しあわ ㋑さいわ ③㋐そだ ㋑はぐく ④㋐おも ㋑ぬし

2 ①㋑ ②㋒ ③㋓ ④㋐

3 ①しょうわ ②ち ③し ④せきたん ⑤じびょう ⑥つい ⑦とう ⑧りゅうこう

64ページ

1 ①急速・休息 ②開店・回転 ③医院・委員

2 ①筆箱 ②帳 ③笛 ④服 ⑤水泳

3 ①様 ②世界・旅 ③有名 ④勝ち ⑤皮 ⑥指 ⑦他国 ⑧島国

65ページ

1 ①㋐さか ㋑しゅ ㋒ざけ ②㋐ひら ㋑へい ㋒びょう

2 はいぶん・ろせん・めいうん・めいきょく（順不同）

3 ①およ ②かいがん ③くすり・と ④ふくおとこ ⑤のうぎょう ⑥ゆらい ⑦ようふう・しょくじ ⑧あぶら

66ページ

1 ①㋐血 ㋑決 ②㋐引 ㋑飲 ③㋐死 ㋑使 ④㋐等 ㋑当

2 ①豆・安く ②終点・駅 ③実力 ④水深・泳ぐ ⑤歯 ⑥祭り ⑦打つ ⑧旅先・起こる

67ページ

1 ①㋐あいて ㋑てそう ②㋐たんき ㋑てみじか ③㋐とざん ㋑やまのぼ ④㋐じょしゅ ㋑てだす ⑤㋐じょうせん ㋑ふなの ⑥㋐しめい ㋑なざ

2 ①いき ②きてき ③じゅうしょ ④たにん ⑤とう ⑥かんぷう ⑦あ ⑧いのち

68ページ

1 ①㋐客 ㋑宮 ②㋐音 ㋑昔 ③㋐炭 ㋑岸 ④㋐族 ㋑旅

2 ①住まい・定める ②館 ③湯気 ④宿・申し ⑤皿 ⑥死・追う ⑦電波 ⑧新聞・取

69ページ

1 ①㋒ ②㋓ ③㋐ ④㋑ ⑤㋔

2 ①㋐はじ　㋑ふか　㋒き
②㋐ととの　㋑お　㋒か

3 ①きりつ　②けい　③やど
④しょうさん　⑤だきゅう
⑥さかみち・ころ　⑦ばい　⑧れい

70ページ

1 ①㋐箱　㋑想　②㋐笛　㋑油
③㋐住　㋑注

2 ①美しい　②軽い　③等しい　④寒い

3 ①平ら　②荷物・持つ　③苦心・用意
④家路　⑤主人公　⑥神社　⑦交代
⑧流れる

メモ

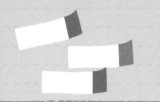

学習記録と成績グラフ

漢字 8級

もくじ		勉強した日	時間	得点	成績グラフ
記入例		10月10日	はやい （ふつう） おそい	85点/100点	0 20 40 60 80合格 100
1日 9級の復習テスト(1)	読み	月 日	はやい ふつう おそい	点/100点	0 20 40 60 80 100
	書き	月 日	はやい ふつう おそい	点/100点	0 20 40 60 80 100
2日 9級の復習テスト(2)	読み	月 日	はやい ふつう おそい	点/100点	0 20 40 60 80 100
	書き	月 日	はやい ふつう おそい	点/100点	0 20 40 60 80 100
3日 9級の復習テスト(3)	読み	月 日	はやい ふつう おそい	点/100点	0 20 40 60 80 100
	書き	月 日	はやい ふつう おそい	点/100点	0 20 40 60 80 100
4日 9級の復習テスト(4)	読み	月 日	はやい ふつう おそい	点/100点	0 20 40 60 80 100
	書き	月 日	はやい ふつう おそい	点/100点	0 20 40 60 80 100
5日 書いてみよう		月 日	はやい ふつう おそい	問/24問	0 10 20 24
6日 書いてみよう		月 日	はやい ふつう おそい	問/24問	0 10 20 24
7日 復習テスト(1)	読み	月 日	はやい ふつう おそい	点/100点	0 20 40 60 80 100
	書き	月 日	はやい ふつう おそい	点/100点	0 20 40 60 80 100
8日 書いてみよう		月 日	はやい ふつう おそい	問/24問	0 10 20 24
9日 書いてみよう		月 日	はやい ふつう おそい	問/24問	0 10 20 24
10日 書いてみよう		月 日	はやい ふつう おそい	問/24問	0 10 20 24
11日 復習テスト(2)	読み	月 日	はやい ふつう おそい	点/100点	0 20 40 60 80 100
	書き	月 日	はやい ふつう おそい	点/100点	0 20 40 60 80 100
12日 まとめテスト(1)	読み	月 日	はやい ふつう おそい	点/100点	0 20 40 60 80 100
	書き	月 日	はやい ふつう おそい	点/100点	0 20 40 60 80 100
13日 書いてみよう		月 日	はやい ふつう おそい	問/24問	0 10 20 24
14日 書いてみよう		月 日	はやい ふつう おそい	問/24問	0 10 20 24
15日 書いてみよう		月 日	はやい ふつう おそい	問/24問	0 10 20 24
16日 復習テスト(3)	読み	月 日	はやい ふつう おそい	点/100点	0 20 40 60 80 100
	書き	月 日	はやい ふつう おそい	点/100点	0 20 40 60 80 100
17日 書いてみよう		月 日	はやい ふつう おそい	問/24問	0 10 20 24
18日 書いてみよう		月 日	はやい ふつう おそい	問/24問	0 10 20 24
19日 書いてみよう		月 日	はやい ふつう おそい	問/24問	0 10 20 24
20日 復習テスト(4)	読み	月 日	はやい ふつう おそい	点/100点	0 20 40 60 80 100
	書き	月 日	はやい ふつう おそい	点/100点	0 20 40 60 80 100
21日 まとめテスト(2)	読み	月 日	はやい ふつう おそい	点/100点	0 20 40 60 80 100
	書き	月 日	はやい ふつう おそい	点/100点	0 20 40 60 80 100
22日 書いてみよう		月 日	はやい ふつう おそい	問/24問	0 10 20 24
23日 書いてみよう		月 日	はやい ふつう おそい	問/24問	0 10 20 24
24日 書いてみよう		月 日	はやい ふつう おそい	問/24問	0 10 20 24
25日 復習テスト(5)	読み	月 日	はやい ふつう おそい	点/100点	0 20 40 60 80 100
	書き	月 日	はやい ふつう おそい	点/100点	0 20 40 60 80 100
26日 書いてみよう		月 日	はやい ふつう おそい	問/24問	0 10 20 24
27日 書いてみよう		月 日	はやい ふつう おそい	問/20問	0 5 10 15 16 20
28日 書いてみよう		月 日	はやい ふつう おそい	問/20問	0 5 10 15 16 20
29日 復習テスト(6)	読み	月 日	はやい ふつう おそい	点/100点	0 20 40 60 80 100
	書き	月 日	はやい ふつう おそい	点/100点	0 20 40 60 80 100
30日 まとめテスト(3)	読み	月 日	はやい ふつう おそい	点/100点	0 20 40 60 80 100
	書き	月 日	はやい ふつう おそい	点/100点	0 20 40 60 80 100
進級テスト(1)	読み	月 日	はやい ふつう おそい	点/100点	0 20 40 60 80 100
	書き	月 日	はやい ふつう おそい	点/100点	0 20 40 60 80 100
進級テスト(2)	読み	月 日	はやい ふつう おそい	点/100点	0 20 40 60 80 100
	書き	月 日	はやい ふつう おそい	点/100点	0 20 40 60 80 100
進級テスト(3)	読み	月 日	はやい ふつう おそい	点/100点	0 20 40 60 80 100
	書き	月 日	はやい ふつう おそい	点/100点	0 20 40 60 80 100
進級テスト(4)	読み	月 日	はやい ふつう おそい	点/100点	0 20 40 60 80 100
	書き	月 日	はやい ふつう おそい	点/100点	0 20 40 60 80 100
進級テスト(5)	読み	月 日	はやい ふつう おそい	点/100点	0 20 40 60 80 100
	書き	月 日	はやい ふつう おそい	点/100点	0 20 40 60 80 100

受験研究社